Elogios a *Simplesmente Eficaz*

"*Simplesmente Eficaz* é um convite à ação. No mundo cada vez mais complexo em que vivemos, precisamos encontrar sempre novas maneiras de simplificar a forma pela qual fazemos as coisas. Ashkenas conta com sua ampla experiência como consultor para nos fornecer um guia prático e direto para alcançarmos a simplificação."

— Andreas Fibig, presidente do Conselho de Gerenciamento, Bayer Schering Pharma AG

"Vencer a complexidade é o **principal** desafio gerencial do século XXI, em especial para a indústria de serviços financeiros. Se você não deseja que a complexidade se torne tão inevitável quanto à morte e os impostos (com consequências semelhantes), leia este livro. Ron Ashkenas tem o dom de eliminar o redundante e ajudá-lo a focar o que é importante."

— Peter R. Fisher, diretor de Gerenciamento e co-chefe da Fixed Income Portfolio Management Group, BlackRock

"O hospital é uma das instituições que mais sofrem com tamanha carga de complexidade. Parte dessa complexidade é inevitável, mas, em sua maioria, é gerada por nós mesmos. Ashkenas nos desafia a não aceitar essa complexidade como algo pronto, e sim fazer algo a respeito disso. Ler seu livro já é um bom começo."

— Martha H. Marsh, presidente e CEO, Stanford Hospital and Clinics

"Acredito que 'a simplicidade é a próxima fronteira da produtividade'. Ron Ashkenas sabe exatamente como colocar essa citação em prática – e este livro fala exatamente sobre isso."

— Gary Rodkin, CEO, ConAgra Foods

SIMPLESMENTE EFICAZ

Como Driblar a Complexidade na sua Organização e Concluir Tarefas em Tempo Hábil

RON ASHKENAS

www.dvseditora.com.br
São Paulo, 2011

SIMPLESMENTE EFICAZ
Como Driblar a Complexidade na sua Organização e Concluir Tarefas em Tempo Hábil

DVS Editora 2011 - Todos os direitos para a território brasileiro reservados pela editora.

SIMPLY EFFECTIVE
How to Cut Through Complexity in your Organization and Get Things Done

Original Work Copyright © 2010 Harvard Business School Publishing Corporation
Published by arrangement with Harvard Business Press

Nenhuma parte deste livro poderá ser reproduzida, armazenada em sistema de recuperação, ou transmitida por qualquer meio, seja na forma eletrônica, mecânica, fotocopiada, gravada ou qualquer outra, sem a autorização por escrito do autor.

Tradução: Márcia Nascentes
Diagramação: Konsept Design & Projetos

Dados Internacionais de Catalogação na Publicação (CIP)
(Câmara Brasileira do Livro, SP, Brasil)

Ashkenas, Ronald N.
  Simplesmente eficaz : como driblar a complexidade e na sua organização e concluir tarefas em tempo hábil / Ron Ashkenas ; [traduzido por Marcia Nascentes]. -- São Paulo : DVS Editora, 2011.

  Título original: Simply effective.
  ISBN 978-85-88329-61-4

  1. Comportamento organizacional 2. Eficiência organizacional 3. Mudança organizacional I. Título.

11-05038   CDD-658

Índices para catálogo sistemático:

1. Eficiência organizacional : Administração de empresas   658

SIMPLESMENTE EFICAZ

Como Driblar a Complexidade na sua Organização e Concluir Tarefas em Tempo Hábil

RON ASHKENAS

SUMÁRIO

INTRODUÇÃO ix

CAPÍTULO 1 Revelando a complexidade organizacional 1

CAPÍTULO 2 Simplificando a estrutura 23

CAPÍTULO 3 Reduzindo a proliferação de produtos 43

CAPÍTULO 4 Simplificando processos 65

CAPÍTULO 5 Driblando comportamentos que levam à complexidade 89

CAPÍTULO 6 Estratégia para alcançar a simplicidade 119

CAPÍTULO 7 A simplicidade começa por você 143

NOTAS 159
ÍNDICE 163
SOBRE O AUTOR 173

INTRODUÇÃO

Este livro é fruto do meu contínuo interesse em **sim plificar** procedimentos em organizações e torná-las mais eficazes. Em 2007, escrevi um artigo para a *Harvard Business Review (HBR)* intitulado *Simplicity-Minded Management*, onde já expressava minha opinião sobre o assunto.[1] Nesse texto, destacava a importância de simplificar as organizações, em termos de estrutura, produtos, processos e comportamentos. Dessa forma, líderes facilitariam a tarefa de seus funcionários de obter resultados e agradar os clientes. Tinha a esperança de que gerentes confrontassem a realidade de que grande parte da complexidade existente nas organizações foi criada por eles mesmos ou que começassem a enxergar a **mentalidade da simplicidade** como uma competência ou habilidade que devem desenvolver em suas carreiras.

Depois da publicação do artigo, muitos gerentes, consultores, executivos e profissionais de RH (recursos humanos) me perguntaram o que a simplificação **realmente** envolvia. Como compreender melhor a origem da complexidade? Como lidar com as diferentes fontes de complexidade em organizações? Como desenvolver uma estratégia abrangente de simplificação? Como agir se você não precisar simplificar tudo? O que fazer se você não for o CEO (*Chief executive officer* ou executivo principal)?

Essas indagações me levaram a perceber que as organizações e seus líderes precisavam de algo além da compreensão da importância da simplificação – eles de fato precisavam de um roteiro ou guia sobre como fazer isso. Portanto, esta é a proposta deste livro: apresentar um conjunto prático de ferramentas e estratégias para simplificar organizações, com o foco na eliminação da complexidade que os próprios gerentes produzem.

Mas esta não é uma atividade simplesmente **"prazerosa"**. Até certo ponto, quase todos os gerentes hoje lutam contra a complexidade: sobrecarregados com informações e sem tempo suficiente para processá-las; considerando múltiplas variáveis sem compreender plenamente como elas podem interagir entre si; lidando com pessoas de diferentes cargos, unidades, organizações e localidades geográficas sem conseguir alinhar programações e prioridades distintas.

Somado a isso, eles se deparam com novas regulamentações, novas tecnologias, mercados incertos e diferentes ameaças da concorrência. É como se os gerentes precisassem operar simuladores de voo em alta velocidade, com centenas de anemômetros, mostradores, botões e alavancas, mas sem nenhum manual de instruções ou treinamento de voo prévio sobre como pilotar o avião. E vale lembrar que a situação é real!

Dimensionar toda esta complexidade não é uma tarefa simples e mecânica. Não basta seguir uma série de instruções passo a passo, executar associações, fazer escolhas difíceis e, por fim, chegar a uma simplicidade perfeita. As organizações são organismos sociais que precisam cumprir suas missões em ambientes em constantes mudanças e cada vez mais turbulentos. E cada organização tem suas peculiaridades. Sendo assim, líderes precisam criar estratégias de simplificação personalizadas e compatíveis com as condições específicas enfrentadas, a fim de alcançarem o grau de simplicidade adequado às suas situações. Para fazer isso, eles precisam envolver seus colegas em um diálogo contínuo sobre as origens da complexidade e suas implicações, e experimentar diferentes abordagens até descobrir o que funciona. Trata-se de um processo de aprendizagem contínua. Aquilo que gera e nutre a complexidade se manifesta a todo instante.

Simplesmente Eficaz deve ser usado como um recurso para gerentes, consultores e outros indivíduos dispostos a participar dessa busca contínua e sem fim. Ele oferece uma estrutura que nos leva a compreender as principais fontes de complexidade geradas pela forma de gerenciamento, instrumentos de diagnóstico para avaliar os níveis de complexidade que nos cercam, além de uma gama de ferramentas e uma estratégia geral para conseguir uma maior simplificação.

É provável que os leitores estejam familiarizados com muitas das ferramentas individuais, e talvez até com a maioria delas, pois elas já foram amplamente descritas por outros (e poderei orientá-los caso queiram se aprofundar no assunto). Meu intuito não é apresentar essas ferramentas sob um novo ângulo, mas sim mostrar como elas podem ser usadas sozinhas ou em conjunto para estudar diferentes aspectos da complexidade, ou como elas podem ser empregadas em uma estratégia mais abrangente.

Visando aproximar-se mais da prática, *Simplesmente Eficaz* também inclui exemplos e estudos de caso de organizações reais que embarcaram na viagem rumo à simplificação. Algumas acabaram de ingressar nessa jornada e outras já fizeram essa opção há muitos anos. Como a General Electric (GE) foi a **pioneira** no uso da simplificação para impulsionar resultados, muitos dos exemplos foram extraídos dessa experiência, inclusive um caso amplamente discutido no

Capítulo 6 sobre como a simplicidade passou a incorporar a mentalidade e a cultura da GE por duas décadas. Mas diversas outras organizações são citadas e os relatos são fonte de rica aprendizagem sobre o que é necessário para driblar a complexidade e concluir tarefas com êxito. E essas histórias foram colhidas em quase trinta anos de experiência em consultoria. Apesar de alguns casos não serem recentes, os pontos destacados ainda têm relevância pois a complexidade gerada pela forma de gerenciamento é um assunto atemporal. Mas, em todos os casos, não há a menor intenção de sugerir que a simplificação em si seja garantia de êxito nos negócios. Além da simplicidade, há uma série de conceitos básicos de negócios que precisam estar alinhados para que uma empresa prospere e os gerentes tenham êxito, mas isso já foge do escopo deste livro. Entretanto, se o nível de complexidade passar despercebido, é provável que gerentes encontrem maior dificuldade para alavancar esses outros fatores de sucesso. Em outras palavras, apesar de a simplicidade não ser garantia de sucesso, um alto nível de complexidade certamente aumentará as chances de falha.

O que vem a ser simplificação?

O que quero dizer com simplificação? Vejamos um exemplo da vida real: você quer dirigir até outra cidade que não fica longe, mas não conhece o caminho. Então, procura descobrir como chegar lá – estradas que deve percorrer, onde virar, pontos de referência. Simples, não é mesmo? Tudo contribui para que você chegue ao seu destino sem problemas.

Mas, e se, ao pedir uma orientação, você receber uma quantidade bem maior de informações: detalhes sobre a pavimentação das estradas, fotos de todas as construções que você encontrará no trajeto, um histórico da área e alguns mapas de satélite em diferentes escalas? E se ainda forem enviados mais dados quando você já tiver colocado o pé na estrada? E se começar a chover forte no meio da viagem? E se houver uma obra bloqueando algumas estradas e o forçando a mudar de caminho? E se depois estourar um pneu? A concretização de tarefas em uma organização é, de certa forma, como viajar de uma cidade para outra. Às vezes, tudo corre na mais perfeita ordem, como no primeiro exemplo. Mas a segunda situação é bem mais frequente: você precisa fazer uma seleção prévia das informações de fato relevantes, lidar com dados em tempo real, reagir a condições novas, tomar decisões rapidamente e, em geral, trabalhar duro para conseguir o que deseja. E isso pressupõe que sabe exatamente onde quer chegar e que seus colegas estão satisfeitos em permitir que você faça todas as escolhas sobre como chegar ao seu destino – o que, na verdade, raramente acontece. Ou seja, concretizar tarefas com êxito em organizações costuma não ser tão simples quanto parece.

Quando você está no comando de uma organização, pode simplesmente aceitar esta complexidade como um fato, como algo com o qual precisa conviver. Mas também tem a opção de agir para simplificar processos no seu espaço de trabalho, tornando-o mais produtivo e mais satisfatório para clientes e funcionários. É isso que vem a ser simplificação: **facilitar a forma de concretizar as tarefas por seus funcionários e a forma de trabalho com clientes e outros parceiros**. Se você se identifica com esta postura, este livro é ideal para você.

Viagem à simplicidade

Em 1989, na GE, vi pela primeira vez a simplicidade sendo abordada como uma questão de negócios. Na época, fazia parte da equipe de consultoria reunida pelo então,-CEO Jack Welch para transformar a empresa de uma organização **lenta, burocrática, declinante** e **extremamente analítica** em uma empresa **rápida, flexível** e **sem fronteiras**. À medida que desenvolvemos o que ficou conhecido como o processo *Work-Out** da GE para conseguir esta transformação, a simplicidade despontou como uma das principais metas do esforço. Na visão de Welch, **velocidade** e **simplicidade** estavam entrelaçadas – e ambos eram essenciais para o sucesso da GE. Para acelerar os processos internos e as respostas aos clientes e aos mercados, a GE precisava reduzir o número de etapas necessárias para concretizar tarefas e facilitar a compreensão por todos sobre como adotar essas medidas. Consequentemente, diversos projetos resultantes se concentravam na simplificação de processos, interna e externamente. Mas a simplicidade na GE não se restringia á simplificação de processos: era uma mentalidade e uma cultura que acabaram permeando a forma como gerentes organizavam e conduziam a empresa.

Talvez em função do sucesso de enorme repercussão da GE, muitas outras empresas adotaram em seguida a simplicidade como um valor essencial, ou como uma aspiração maior a ser alcançada. Outras a incorporaram à medida que seus ambientes de negócios se tornaram mais complexos, globais ou competitivos (ou porque viam outras empresas fazendo o mesmo). Mas poucas empresas pareciam saber o real significado da simplicidade, ou como levá-la a gerar resultados nos negócios. Na realidade, parecia que muitas organizações queriam apenas copiar as ferramentas da GE para simplificação (como o *Work-Out* e o *Seis Sigma*), mas não compreendiam que a simplicidade era mais do que apenas um conjunto de projetos.

---

* Programa que tinha como objetivo dar oportunidade a todos empregados da GE na solução de problemas e dar boas ideias.

Acompanhei várias tentativas de simplificação que acabavam gerando decepção ou completo fracasso. Percebi que a maioria dos gerentes não estavam abordando a simplificação como uma habilidade, nem como uma mentalidade e muito menos como uma competência essencial de liderança (concepção adotada pela GE). E foi isso que me levou a escrever o artigo da *HBR*.

Essa reflexão foi ainda mais reforçada pela crise financeira global que começou em 2007, que em grande parte foi disparada por uma complexidade tão gritante que ela comprometia a competência de instituições financeiras, públicas e comerciais de gerenciar riscos de maneira segura e adequada. Por exemplo, vejamos como o *The New York Times* descreveu uma causa da crise do *sub-subprime mortgage* (empréstimos de altíssimo risco):

> A confusão em relação a estes produtos se deve em parte à sua complexidade. Produtos estruturados são ativos acumulados que foram fatiados e cortados em pedaços cada vez menores e mais especializados... Os bancos e outras instituições financeiras acumulam esses títulos garantidos por ativos em novas unidades, dividindo-as novamente e emitindo títulos para elas, criando CDOs (títulos de securitização). A ideia deslanchou, com novas combinações que depois foram removidas do ativo original. As novas criações incluíam CDOs de CDOs, as chamadas CDOs ao quadrado. Existe até mesmo uma CDO ao cubo.[2]

Além da complexidade de seus produtos, muitas instituições financeiras que faliram, e precisaram fechar ou ser resgatadas, também foram afetadas por processos de gerenciamento de risco complexos e fragmentados que resultaram na incapacidade de identificar questões de risco a tempo. Somado a isso, alguns processos financeiros impediram que tais instituições assumissem total responsabilidade por seus produtos e passivos. Essas complexidades adicionais constrangeram os CEOs, que precisaram reiterar suas perdas ou passivos em potencial diversas vezes, deixando a impressão (infelizmente, verdadeira) de que a situação fugira ao seu controle. Talvez o mais desconcertante sobre o episódio do *subprime* e a consequente implosão do mercado tenha sido o quanto isso ilustra a falta de compreensão por parte de todos sobre as interdependências complexas entre as instituições financeiras, outros estabelecimentos comerciais, órgãos públicos regulamentadores e bancos centrais, e a economia mundial.

Apesar dos esforços na esfera econômica nos últimos anos, a economia global não dá sinais de que se tornará menos complexa. Tudo leva a crer que será ainda mais difícil compreendê-la. Além disso, o ritmo das inovações e descobertas tecnológicas tende a aumentar cada vez mais, contribuindo para um maior nível de complexidade. É como se ocorresse um encontro entre o **"mundo plano"** de Thomas Friedman e o **"choque futuro"** de Alvin Toffler. A explosão resultante tornou tudo extremamente complexo.[3] Como resultado, muitos executivos e gerentes sentem que suas organizações se tornam **ingovernáveis**, de difícil gerenciamento e atadas.

Apesar de toda a atenção da mídia se voltar para situações dramáticas (e traumáticas) como o fim do Lehman Brothers nos Estados Unidos da América (EUA) ou dos bancos de investimento tradicionais, o maior desafio reside no fato de que muitos gerentes ficam assoberbados diante da complexidade nas tarefas diárias. Como resultado, gerentes trabalham mais horas com maior nível de estresse, e se sentem cada vez menos produtivos. Eles participam de reuniões, verificam *e-mails* e correio de voz, viajam ao redor do mundo, gerenciam relacionamentos com centenas de pessoas dentro e fora das organizações e, ao final do dia, em geral, é como se não tivessem realizado tanta coisa. E ficam preocupados de talvez estarem contribuindo para ou criando o próximo escândalo financeiro ou desastre do *subprime*. Trata-se da real crise da complexidade com a qual todos nos deparamos.

Mas as coisas não precisam ser assim. Apesar de a complexidade ser em grande parte causada pela globalização, pelos avanços tecnológicos e por uma série de outras tendências externas, talvez outra causa com impacto de igual proporção seja a maneira pela qual estruturamos nossas organizações e gerenciamos nosso pessoal. Scott Adams, o criador do personagem *Dilbert* de história em quadrinhos, comenta de forma bem-humorada que os altos executivos costumam transformar suas organizações no que ele denomina "**confusópolis**".[4] Mas como gerente e líder, você tem duas opções: aumentar a complexidade e tornar as coisas ainda mais confusas ou simplificar o trabalho para que as pessoas concluam suas tarefas com maior facilidade. Meu objetivo neste livro é fornecer um guia de recursos sobre como escolher a segunda opção.

Estrutura do livro

Como este livro fala sobre simplicidade, tentei simplificar sua navegação. Na abertura do Capítulo 1, você encontra uma definição de simplicidade e sua importância. Depois, ilustrações de como o combate à complexidade pode fazer uma diferença significativa na concretização de tarefas. Em seguida, neste capítulo apresentam-se as quatro formas pelas quais gerentes criam, sem intenção, complexidade em suas organizações, através da estrutura, de produtos, de processos e de seus próprios comportamentos. Este capítulo também inclui um guia das ferramentas que serão apresentadas no livro para superação destas fontes de complexidade. O Capítulo 1 apresenta também um breve questionário que o permitirá diagnosticar as áreas que precisam de maior atenção na sua organização.

Os Capítulos 2 a 5 representam a essência do livro pois descrevem em detalhes as quatro causas da complexidade, incluindo as **armadilhas** nas quais gerentes caem e o que fazer para evitá-las. Cada um desses capítulos também aborda ferramentas específicas e práticas que você pode usar para promover a simplicidade na área em questão.

Os dois últimos capítulos mostram como as diversas ferramentas e abordagens podem ser combinadas em uma estratégia integrada. O Capítulo 6 descreve uma estratégia de simplificação contínua em nível de empresa ou de departamento que altos executivos podem empregar para gerar resultados melhores a curto e longo prazos. O Capítulo 7 descreve uma estratégia mais individual sobre como promover a simplicidade no seu próprio trabalho e com colegas de trabalho, seja qual for seu cargo na empresa.

Em resumo, este livro mostra como tomar as rédeas da complexidade, não de forma rígida e sequencial, ou de forma prescrita, mas sim em consonância com as necessidades da sua organização ou do seu nível de influência ou autoridade. Na análise final, ninguém ficará encarregado de tornar seu espaço de trabalho mais fácil, mais simples e mais produtivo. **Cabe a você fazer isso!** Espero que este livro lhe seja útil para realizar de forma simplesmente eficaz essa tarefa.

Agradecimentos

Embora este seja o primeiro livro que escrevi sozinho, certamente ele foi resultado de um esforço conjunto. Muitos me deram apoio material e emocional, sem o qual este livro não se tornaria uma realidade.

Antes de mais nada, agradeço aos diversos gerentes talentosos que perceberam que a **simplicidade** não era apenas uma palavra marcante em uma frase sobre o valor corporativo, mas também um ditame do sucesso. Suas histórias constituem grande parte deste livro. O mais importante é o que o aprendizado que obtive com eles me ajudou a formular os *insights* que tentei apresentar no livro. Tive a felicidade de trabalhar ao longo desses anos com muitos executivos competentes e inteligentes, e todos eles compartilharam sua sabedoria comigo. Este livro não seria viável sem eles. Sou especialmente grato a Pete Perez, vice-presidente executivo de RH da ConAgra Foods, e a John Lynch, vice-presidente sênior de RH corporativo da GE, por sua enorme contribuição. Além disso, agradeço Larry DeMonaco, vice-presidente aposentado de RH da GE Capital, pela revisão criteriosa do texto final antes de sua publicação.

Meus colegas da Robert H. Schaffer & Associates (RHS&A) também tiveram um papel fundamental no desenvolvimento deste livro, pois me deram tempo para me dedicar a ele, além do incentivo para prosseguir, quando fiquei desanimado. Muitas das ferramentas apresentadas em *Simplesmente Eficaz* foram criadas ou aprimoradas por membros da empresa, e muitas dos casos foram extraídos da prática. Portanto, sob diversos aspectos, este livro é realmente um produto do trabalho pioneiro da RHS&A nos últimos cinquenta anos. Robert Schaffer, em especial, leu diversos capítulos e fez comentários valiosos. Posso dizer o mesmo em relação a Wes Siegal. Ainda na RHS&A, Katie Beavan, Matthew McCreight, Keith Michaelson, Patrice Murphy e Rick Heinick forneceram material de estudos de caso; Michel Nabti conduziu pesquisas secundárias úteis; Sarah Larson ajudou a organizar os casos; Cindy DeCarlo, Amy Beebe e Maura Pratt deram apoio administrativo; e Joanne Young ajudou-me a me manter organizado no ano em que escrevi o livro. Colegas e amigos de outras empresas também colaboraram com material e incentivo, como Marian Powell da Korn Consulting Group, Bob Kaplan da Kaplan-DeVries, e Dave Ulrich da RBL. Muito obrigado a todos vocês pela ajuda e apoio.

Não teria sido possível publicar este livro sem a enorme colaboração editorial. Ellen Peebles, editor sênior da *Harvard Business Review*, que me ajudou a dar forma ao artigo original da *HBR*, que serviu de base para *Simplesmente Eficaz*. Hilary Powers me orientou no processo de transformação de milhares de palavras em um texto coerente e extremamente simples. Melinda Merino da Harvard Business Press me incentivou a aprimorar e simplificar ainda mais o manuscrito para transformá-lo em um livro de leitura agradável e útil. Embora a responsabilidade sobre o produto final seja minha, independentemente do resultado, grande parte do mérito pela apresentação final do livro é deles.

Outras atividades me impossibilitam de escrever o livro durante o dia. Portanto, dediquei muitas noites e finais de semana a *Simplesmente Eficaz* no ano passado. Isso exigiu um grande dose de paciência e compreensão por parte de meus familiares; todos reservaram um tempo em meio aos seus próprios afazeres para me dar apoio e incentivo enquanto eu escrevia o livro. Agradeço aos meus filhos, Eli, Elie, Shira, Ari e Rebecca; e também ao mais novo integrante da família, meu neto, Noam (que terá muito sobre o que refletir com este livro). Agradeço em dobro minha esposa Barbara, que além de lidar com a recente ausência dos filhos em casa, às vezes não contava também comigo porque eu estava concentrado neste livro. Eu não teria conseguido isso sem a ajuda dela.

Consideração final: a simplicidade pode fazer a diferença

Enquanto eu escrevia esta introdução, o mundo entrava no que talvez configure a **pior recessão em trinta anos**. O sistema financeiro desabou e está sendo transformado; a indústria automobilística está se recuperando; varejistas lutam para sobreviver; instituições do serviço público e da saúde estão assoberbadas para sair das dificuldades; governos do mundo inteiro estão injetando enormes somas em dinheiro em suas economias e enfrentando déficits sem par; e as quedas no mercado de ações varreram trilhões de dólares em riqueza pessoal e abalaram a confiança das pessoas em sua segurança futura. Para piorar as coisas, os governos também se esforçam para desenvolver fontes de energia renovável, reduzir o aquecimento global, proteger seus cidadãos contra o terrorismo e tirar bilhões de pessoas da pobreza. Organizações do mundo inteiro vivem um momento inquietante, sejam elas de capital aberto ou fechado.

Mas, ao mesmo tempo, estamos assistindo à maior revolução tecnológica da história da humanidade. Os avanços em termos de viagens, telecomunicações e computação possibilitaram a aproximação dos continentes e a criação de uma **economia verdadeiramente global**. O mapeamento do genoma humano traz consigo a promessa de reduzir e prevenir doenças. Os desenvolvimentos nos campos da física, da nanotecnologia e das ciências dos materiais estão transformando a manufatura. Ao mesmo tempo, novas abordagens da água, das ciências da alimentação e da energia representam a promessa de nos libertar de antigas restrições de recursos. Em outras palavras, apesar da situação desfavorável da economia global, também é possível que estejamos prestes a entrar na **era dourada** da prosperidade global que pode resolver muitos dos problemas hoje considerados de mais difícil solução.

Infelizmente, nenhum de nós pode se dar ao luxo de ficar quieto, à espera da combinação certa de inovações técnicas, científicas e sociais que nos conduzam à era dourada. Precisamos lidar com as realidades existentes. Como consequência, é necessário redobrar os esforços para tirar o máximo proveito do potencial de nossas organizações atuais a fim de que possam investir em novas tecnologias, experimentar novas abordagens e talvez acelerar as descobertas que mudarão o mundo. Para fazer isso, precisamos voltar ao básico – simplificar estruturas, produtos e processos; reduzir confusões e o desperdício de tempo; e levar cada um a acreditar que está de fato colaborando e não apenas fazendo parte de uma engrenagem (correndo em uma enorme roda na qual brincam os hamsters). Trabalhadores de diferentes níveis (sejam eles do chão-de-fábrica, professores do ensino público ou altos executivos) desejam apresentar o máximo de produtividade e estabelecer uma linha direta de relação entre seus esforços e os resultados de suas organizações. Nossa tarefa como líderes organizacionais, consultores e publicitários é ajudá-los a tornar isso uma realidade. A simplificação não é a única resposta, mas já é um bom começo.

—Ron Ashkenas
Stamford, Connecticut
Março de 2009

CAPÍTULO 1

Revelando a complexidade organizacional

A TENTATIVA DE CONCRETIZAR TAREFAS EM uma organização hoje muitas vezes mais parece como caminhar sobre areia movediça. Se você é um gerente ou um executivo ansioso por resultados, sabe bem do que estou falando. Há um excesso de reuniões, relatórios, informações e *stakeholders* (interessados) – cada qual com uma visão diferente sobre o que deve ser feito e como. Os processos não funcionam ou são muito longos. As decisões são adiadas ou pouco claras. As apresentações são intermináveis. E as fronteiras entre casa e trabalho, *on-line* e *off-line*, parecem desaparecer, pois *e-mails* chegam a todo instante e o celular toca sem parar, como se a pessoa estivesse disponível 24 horas por dia, nos 7 dias da semana. A complexidade foge ao controle e isso tende a piorar, comprometendo nossa capacidade de sermos eficazes.

Mas somos os únicos culpados disso. Apesar de uma certa dose de complexidade inevitavelmente ser reflexo da globalização, dos avanços tecnológicos e de exigências de regulamentação, a maior parte da complexidade encontrada no cotidiano e que mina nossa capacidade de obter resultados é gerada por nós mesmos.

Criamos estruturas organizacionais com um excesso de níveis, funções redundantes e atribuições maldefinidas. Adicionamos produtos, recursos e serviços sem reduzir o portfólio geral de ofertas ou otimizar as exigências de suporte. Criamos processos com muitas etapas e ciclos, sem critérios de mensuração, e depois não acompanhamos seu desenvolvimento e crescimento. E agravamos essa complexidade designando atribuições vagas, não responsabilizando as pessoas, não se comunicando de maneira clara e evitando conflitos. Somos nós que criamos a areia movediça da complexidade.

Mas isso não é novidade. Na história da humanidade, a simplicidade esteve sempre presente como uma das **"grandes virtudes"**. Praticamente todas as sociedades (oriental, ocidental, antiga e moderna) incluíam a simplicidade como um dos princípios de uma vida boa. Na realidade, a busca pela simplicidade é um dos poucos conceitos universais, que constitui uma ponte entre cultura, religião, localização geográfica e tempo. Mas talvez o que tenha levado tantas pessoas a aspirarem à simplicidade seja exatamente o fato de ser tão difícil atingi-la! E isso vale especialmente para as organizações atuais. Assim como o capim que brota em um gramado bem cuidado, a complexidade se insinua até mesmo nas organizações com melhor gerenciamento. A menos que você tenha uma estratégia para combater isso, a complexidade pode crescer e se expandir apesar dos seus esforços para exterminar os disparos individuais.

Como a complexidade aumenta gradativamente

Há alguns anos, realizei um trabalho de consultoria para a GE Lighting, em Cleveland. Precisávamos encontrar uma forma de tornar o desenvolvimento de produtos mais rápido e mais eficaz. Na época, a presença da GE Lighting no mercado de iluminação norte-americano era dominante, mas ela enfrentava uma batalha global com a Philips Electronics, a Siemens e outros fabricantes pela conquista de uma fatia maior do mercado mundial. Segundo John Opie, então presidente da GE Lighting, o aperfeiçoamento no desenvolvimento de produtos era essencial pois o principal negócio, envolvendo lâmpadas, era cada vez mais banalizado e ficava mais difícil manter margens de lucro apenas com cortes de custos. A empresa precisava de novos consumidores e produtos comerciais capazes de impor preços mais altos.

Parecia algo simples. Mas o ritmo das mudanças não era tão rápido.

Nas semanas seguintes, soube que Opie e sua equipe de fato tinham adotado medidas para aprimorar o desenvolvimento de produtos. Eles aumentaram os investimentos e incluíram mais equipes de desenvolvimento de produtos. Eles instituíram um processo formal de estágio-pontos de decisão (*stage-gate*) para garantir o progresso de produtos de maneira disciplinada. Além disso, eles deixaram claro para a organização inteira que os novos produtos tinham uma importância vital. **Então, o que estava faltando?**

Quando conseguimos reunir diversas equipes de desenvolvimento de produtos, algumas respostas começaram a aparecer. Primeiramente, em função de seu *expertise* (conhecimento especializado), a maioria dos membros de equipes estava trabalhando em mais de um projeto para atender à crescente demanda. A fragmentação do tempo dificultava a conclusão de tarefas, pois o pessoal desviava a atenção do foco principal. Somado a isso, o processo *stage-gate*, apesar de conferir disciplina ao desenvolvimento, também resultava em diversas análises adicionais. A organização inteira da GE Lighting tinha substituído recentemente um modelo de unidade de negócios por um modelo funcional. Cada função (engenharia, manufatura, vendas, *marketing*, internacional, finanças, RH e outras) conduzia suas próprias análises para garantir o progresso das equipes e atingir os pontos de decisão acordados. Uma das equipes de projetos estimou que seus membros passavam quase 75% de seu tempo preparando reuniões de avaliação, realizando reuniões de avaliação ou respondendo a questões levantadas em reuniões de avaliação. Restava pouco tempo para trabalha no projeto real. Para piorar as coisas, como as atenções se voltavam para o desenvolvimento de produtos, a alta gerência solicitava atualizações constantes e detalhadas do *status* e do progresso entre as diversas análises, e isso consumia ainda mais tempo que poderia ser dedicado ao desenvolvimento real. O que deveria ser um processo simples se tornou algo extremamente complexo.

Como resultado do esforço, muitas dessas questões foram tratadas, e o processo de desenvolvimento de produtos da GE Lighting foi estimulado. Mas esse não é o ponto principal desta história.

Minha intenção é mostrar que, apesar da existência da complexidade que brota por si só, parte dela é intensificada por gerentes. Isso não ocorre de maneira intencional, consciente, nem maliciosa. Mas a complexidade se insinua a todo instante. No caso da GE Lighting, as análises adicionais, a fragmentação do tempo dos *experts*, o maior número de relatórios e análises, tudo foi causado por ações de gerenciamento bem-intencionadas. Juntos, esses fatores de complexidade dificultaram a produção de novos produtos.

Mas esse *insight* inclui uma boa notícia que é o foco deste livro: se gerentes conseguem intensificar a complexidade através de ações **inconscientes**, eles são capazes de reduzi-la através de ações **conscientes**. O objetivo deste livro é ajudá-lo a desenvolver sua própria estratégia para simplificar sua organização ou parte dela.

A simplicidade como vantagem competitiva

Reduzir a complexidade não significa apenas facilitar a conclusão tarefas em tempo hábil. Isso também pode levar a uma vantagem competitiva de longo prazo, não através da solução de todos os problemas nos negócios, mas através do aumento de nossa capacidade de tratar de problemas de forma rápida e eficaz.

Vejamos o caso da Vanguard, uma das empresas líderes mundiais em gerenciamento de investimentos, com mais de um trilhão de dólares em ativos e milhões de clientes ao redor do mundo. Desde sua fundação, em 1975, ela precisou superar graves crises econômicas e problemas no mercado, mas continuou crescendo e prosperando. Na verdade, em 2008, quando a maioria das outras instituições financeiras foram profundamente afetadas por empréstimos de alto risco, títulos garantidos por ativos, mercados de crédito congelados e restrições de capital, a Vanguard registrou seu melhor ano em termos de conquista de novos negócios institucionais e teve o maior influxo de capital do setor: mesmo ambiente – resultados diferentes.

Não foi por acaso que a Vanguard apresentou um desempenho contínuo e bem-sucedido. Isso é resultado, em grande parte, da filosofia de investimento simples e do modelo operacional simples originalmente desenvolvido pelo seu fundador, John Bogle.[1] Bogle acreditava que investidores acumulavam riqueza através de investimentos consistentes, diversificados e simples, e não através de produtos esotéricos com a promessa de rápidos retornos, mas que não podiam de fato ser explicados. A Vanguard chama isso de "**Verdades simples sobre o investimento**" – que inclui orientação para gerenciar custos, diversificar e continuar no páreo por um longo período. Essa filosofia levou a Vanguard a desenvolver uma família de fundos sem comissão, incluindo fundos de índice, *tax-managed funds** e outros tipos de meios inovadores, mas simples, de aplicações amigáveis para o investidor. Além do foco na análise de crédito e rígidos controles de risco, isso ajudou a Vanguard a evitar investimentos em meios estruturados e outros produtos derivativos de alto risco.

A cultura da Vanguard se baseia na noção de que o cliente vem em primeiro lugar e que devemos pensar em formas de sempre facilitar o lado do cliente. Segundo Tim Buckley, diretor de gerenciamento do Retail Investor Group da Vanguard, isso é essencial, pois o setor de serviços financeiros apresenta tanto jargão complexo e tantas opções de investimento que isso deixa os investidores confusos e, consequentemente, eles acabam tomando decisões sem fundamento, desistindo e cedendo o controle a outros. Na realidade, Buckley observa que os concorrentes da Vanguard não são outras empresas de investimentos, mas sim locais de "complexidade e inércia". Ele comenta: "Se temos a capacidade de reduzir ou absorver a complexidade, podemos perfeitamente ajudar nossos clientes a se tornarem investidores confiantes e bem-sucedidos." Para fazer isso, a Vanguard limita a quantidade de fundos, torna mais fácil para investidores a tarefa de criar portfólios equilibrados a partir de "listas breves", oferece "portfólios prontos para uso" e está sempre buscando formas de simplificar transações ou até mesmo de preencher formulários para o cliente. Na verdade, a Vanguard acompanha não apenas as medidas de investimento padrão, mas

---

* Nota da tradutora: O *tax-managed fund* é um fundo mútuo que se destina especificamente a minimizar as consequências tributárias para seus investidores.

também as taxas de conclusão de transações de clientes. Na visão da empresa, essa é uma maneira de mensurar como a Vanguard tornou **simples** para investidores concluir tarefas em tempo hábil.

O modelo operacional da Vanguard se baseia na simplicidade e permite à empresa gerenciar sua infraestrutura geral com rapidez e flexibilidade. O ponto de partida desta simplicidade é a estrutura da Vanguard – uma empresa privada, "mutualizada", em que os fundos mútuos são os proprietários da empresa de gerenciamento, que, por sua vez, presta serviços aos fundos a preço de custo. Isso mantém todos da empresa concentrados em maximizar os retornos sobre o investimento e em minimizar as despesas pois, na essência, a empresa não está tentando gerar lucros para outras pessoas que não sejam seus investidores de fundos. Neste contexto, a empresa limita os tipos de produtos aos quais dá apoio, adota uma forma consistente e comum de responsabilizar-se por resultados financeiros e tem um processo de gerenciamento disciplinado que engloba todas as partes da empresa. A Vanguard também faz com que os gerentes circulem por diferentes áreas com uma dupla finalidade: todos incutem a mesma filosofia operacional e evita-se a formação de silos que dificultem a transformação de ideias em realidade. Buckley comenta: "Se você já passou por outras áreas e sabe que desempenhará outras funções, não transferirá problemas para outras atividades; você simplesmente tentará resolvê-los."

O resultado líquido de tudo isso é que a Vanguard não foi afetada pelos problemas de outras prestadoras de serviços financeiros. E, quando o mercado desabou e outras empresas precisaram se virar para reduzir custos, a Vanguard já havia implementado um modelo operacional simples e de baixo custo. Isso lhe permitiu não fazer grandes reduções de quadro de funcionários. Ela pôde dar maior apoio e conselhos aos investidores nesse período difícil. Assim, os investidores mostraram um grau ainda maior de lealdade para com a Vanguard, dando continuidade e expandindo seus negócios com ela, mesmo durante uma queda no mercado. Valeu a pena investir na simplicidade.

A Tele Atlas, uma pioneira no setor de mapeamento digital e dados geográficos, também utilizou o foco na simplicidade como forma de aumentar drasticamente seu valor de longo prazo. Fundada em 1984, a Tele Atlas desenvolveu técnicas inovadoras para capturar e atualizar continuamente informações detalhadas sobre mapeamento para o crescente mercado de GPS (sistema de posicionamento global). Hoje, é comum encontrar dados de GPS em sistemas de navegação portátil, automóveis, telefones celulares e outros dispositivos. Como uma empresa em rápida expansão, baseada em tecnologia, que precisava operar no mundo inteiro, a Tele Atlas teve a sorte de contar com uma equipe de gerenciamento que percebeu que a simplicidade era o segredo do sucesso.

Como resultado, a empresa desenvolveu um procedimento padrão e relativamente simples para criar e atualizar dados geográficos, instalando câmeras em *vans* para percorrer cidades e estradas do país. Assim, foi possível registrar em vídeo placas de sinalização e pontos de referência, e fazer seu *upload* digital em tempo real para um centro de processamento centralizado.

Com o tempo, à medida que a Tele Atlas crescia e conquistava mais países e clientes, o gerenciamento descobriu que a empresa estava se tornando mais complexa, interna e externamente. O diretor financeiro da empresa na época, Hardie Morgan, e Jay Benson, o vice-presidente de planejamento estratégico global, decidiram simplificar partes da empresa, com um consequente benefício financeiro. Eles começaram por processos óbvios, como viagens, e acabaram englobando áreas que afetavam o cliente. Por exemplo, eles descobriram que havia uma multiplicidade de variações de produtos e que aplicativos ajustados para o cliente, especialmente aqueles orientados pela tecnologia, continuavam agregando complexidade. Para combater essa complexidade, a Tele Atlas criou uma plataforma de produção global em 2007 e se empenhou para reduzir a redundância de recursos dos produtos, o número total de produtos e os custos de processo correspondentes. Na América do Norte, por exemplo, a Tele Atlas reuniu pessoas que desempenhavam diferentes funções para desenvolver e implementar com êxito um plano para reduzir em 80% ou mais a quantidade de produtos em cem dias. Os produtos mantidos depois migraram para a plataforma de produção global. Os 52 produtos não selecionados teriam um dos quatro destinos a seguir, dependendo do que fosse melhor para o cliente. Havia quatro opções: 1º) descontinuar o produto; 2º) substituí-lo por um dos produtos "migrados"; 3º) oferecê-lo como um "serviço" suplementar para um cliente; ou 4º) terceirizá-lo.

Com a adoção desta abordagem, a Tele Atlas conseguiu reduzir ao mínimo o impacto imediato da descontinuidade de produtos sobre a receita. Na verdade, a empresa reteve 89% da receita norte-americana através de apenas oito produtos padrão, sendo que os custos de produção deles foram sensivelmente reduzidos. Esse perfil claro e o posicionamento para o rápido crescimento global contribuíram para o aumento da capacidade da empresa de atrair novos clientes. Tanto é verdade que, em 2008, duas empresas de navegação pessoal brigaram para adquiri-la. A Tele Atlas acabou sendo comprada pela TomTom por €2,9 bilhões. Para a Tele Atlas, valeu mesmo a pena investir na simplicidade.

As quatro fontes de complexidade em organizações

Você também pode criar vantagem competitiva; basta incluir a simplicidade na sua maneira de fazer negócios, seja você o CEO (*chief executive officer*), o gerente de uma pequena equipe ou um colaborador individual. Mas, para começar a desenvolver uma estratégia de simplificação, você precisa compreender as quatro tipos de complexidade existentes em organizações (Figura 1.1):

1. Mitose estrutural
2. Proliferação de produtos e serviços
3. Evolução de processos
4. Comportamento gerencial

FIGURA 1.1
Quatro tipos de complexidade em organizações

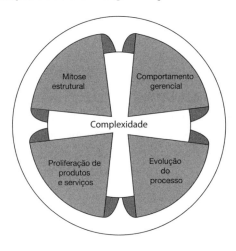

Mitose estrutural

Sob diversos aspectos, as organizações são como organismos vivos.[2] As unidades crescem, se dividem e se modificam, em um processo notadamente semelhante à **mitose**, a divisão das células em um organismo vivo. Uma estrutura organizacional nunca é estática; os gerentes estão constantemente fazendo ajustes – adicionando ou retirando níveis hierárquicos, modificando linhas de relatórios, reorganizando, consolidando. Essas mudanças podem ser pequenas e sutis, como ocorre quando alguém é promovido e não substituído. Mas elas também podem ser explosivas, como ocorre quando há a fusão de duas organizações e faz-se necessário consolidar e reformar uma gama de setores com poucos pontos em comum.

Sempre que a estrutura organizacional muda, os padrões de comunicação mudam, o ritmo é quebrado, o poder e a influência se esvaecem e as pessoas ficam ansiosas para saber o destino do seu *status*, da sua segurança e de seu bem-estar em geral. Esse é um dos principais tipos de complexidade e que dá margem a muitas discussões.

Proliferação de produtos e serviços

As empresas naturalmente desejam ampliar o portfólio de produtos e serviços para ficar à frente da concorrência e agradar seus clientes. Mas cada produto ou serviço novo demanda um trabalho adicional do pessoal de pesquisa e desenvolvimento (P&D), da produção, de vendas e de todos os envolvidos. Até mesmo algo simples como mudar o rótulo de um produto exige a participação do *marketing*, análise jurídica, projeto gráfico, modificações de manufatura, acompanhamento da contabilidade, espaço em depósito, explicações para o departamento de vendas e assim por diante. E, quando o rótulo ou produto antigo permanece no mercado, suas variações proliferam, o que exige manutenção em determinado nível. É por isso que produtos e serviços, embora representem a força vital de uma empresa, são um dos principais geradores de complexidade.

Evolução de processos

Todas as tarefas em uma organização incluem **processos**, que são etapas para a realização de trabalhos, muitas das quais envolvendo diferentes níveis, departamentos e unidades (setores). E quanto melhor os envolvidos compreenderem esses processos e concordarem com as etapas e sua sequência e ritmo, mais rápidos e eficazes serão os fluxos de trabalho na organização. Toda vez que alguém implementa uma ideia sobre como fazer algo de maneira diferente, contudo, o fluxo de processos muda. Mesmo quando (como costuma ocorrer) essas novas ideias visem melhorar e agilizar o trabalho, é provável que elas afetem outras pessoas na cadeia de trabalho.

Sem um alinhamento cuidadoso e o acordo geral, melhorias aparentes podem produzir um resultado inesperado. Seja qual for o grau de disciplina empregado, novos processos estão em constante evolução em uma organização - e isso gera **complexidade**.

Comportamento gerencial

Se já não bastasse a mitose estrutural, a proliferação de produtos e a evolução de processos, as escolhas e ações individuais também agregam complexidade. Gerentes dão as instruções diárias às pessoas em uma organização, reforçando os fluxos de processos básicos, anulando-os ou modificando-os conforme as novas condições, ou transmitindo novas instruções quando existem processos ausentes, indefinidos ou ambíguos. Quando o trabalho é rotineiro e repetitivo, os gerentes raramente precisam se desviar dos padrões. Eles e seu pessoal sabem o que fazer, até mesmo quando alguém se depara com um problema. Isso simplifica tudo para gerentes e empregados.

Mas em **ambientes dinâmicos**, quando os comportamentos e as decisões são mais fluidos, os gerentes têm espaço significativo para gerar mais trabalho e, portanto, para tornar as coisas mais **complexas**. Eles podem designar pessoas para fazer pesquisas, coletar dados, transmitir informações, ajudar outras equipes, resolver problemas e até mesmo desenvolver mudanças em processos padrão. Quando os gerentes são cautelosos em suas instruções, a complexidade agregada pode ser relativamente pequena. Por exemplo, se um gerente colocar parâmetros específicos em torno de uma nova atribuição de equipe, esclarecer a meta, estabelecer um prazo e ajustar a carga de trabalho regular de membros da equipe, o nível de complexidade praticamente não mudará. Entretanto, se a atribuição for confusa, o prazo for indefinido e não houver a dispensa de outras tarefas, os integrantes da equipe precisarão lidar por conta própria com a situação e da melhor forma possível. Eles estruturarão seu trabalho às pressas, quase sempre sem se preocupar em consultar os outros na cadeia de processos. Dessa forma, algumas tarefas poderão ficar totalmente esquecidas. As pessoas em torno da equipe precisam encontrar formas de lidar com as mudanças e os lapsos, gerando ainda mais complexidade para todos.

Infelizmente, muitos gerentes, sem querer, tornam o trabalho mais complexo, desconsiderando as consequências e o impacto de suas instruções.

Transformando a simplicidade em estratégia

As organizações, enquanto sistemas sociais com diversas partes em movimento, sempre serão complexas. E o ambiente dinâmico e em constante mudança no qual elas estão inseridas conferirá a elas um grau ainda maior de complexidade. Porém, a complexidade extrema – aquela que interfere no trabalho e torna difícil para clientes obter produtos e serviços que desejam – não é **inevitável**. Para conter a maré, é preciso compreender as origens do problema e ter um comprometimento sustentável para reduzir a desordem. A superação da desordem, contudo, exige uma estratégia contínua e renovável, e não apenas uma espingarda da simplificação.

Há uma piada antiga sobre o CEO que assistiu a uma apresentação sobre mudança de cultura e depois disse ao chefe de RH: "Consiga uma cópia desta para nós." Por mais tolo que isso soe, muitas empresas abordam diversas das principais necessidades de melhoria de maneira semelhante - as empresas se concentram no emprego de uma ferramenta ou de uma abordagem que está em voga, em vez de desenvolver uma estratégia abrangente como parte da urgência dos negócios por mudanças.[3]

Mas a real melhoria raramente ocorre de uma só tacada, com o uso de apenas uma ferramenta. A redução da complexidade não foge à regra. A solução pronta quase nunca coincide com as demandas reais da situação. Há muitos anos, o consultor Bill Jensen realizou uma pesquisa com 2.500 pessoas em 460 organizações. Ele descobriu que a maioria das pessoas sofria do que ele chamou de "**sobrecarga cognitiva**": um excesso de opções e a falta de direção. Como a cada ano as informações sobre negócios dobravam ou triplicavam, ele previu que este problema só tendia a piorar.[4]

Ele tinha razão. Hoje, em quase todo negócio há algum tipo de combate à complexidade – e as consequências são visíveis em termos de estresse e rotatividade dos empregados, custos exorbitantes, muitos atrasos, incapacidade de atender às expectativas dos clientes, frustração e exaustão. E isso ocorre apesar dos investimentos pesados em sistemas de informações corporativos, reengenharia, *balanced scorecards**, enfoque *Seis Sigma* e uma porção de outras ferramentas. O problema é que essas ferramentas foram aplicadas a determinados aspectos da complexidade, e não incorporadas em estratégias abrangentes e visando atingir resultados específicos nos negócios.

Para ter êxito na simplificação e para manter esse *status* com o tempo, você precisa compreender e tratar as quatro principais formas pelas quais a complexidade se instaura em qualquer organização humana. E, depois, criar um sistema de ataque adequado à sua situação. A Tabela 1.1 apresenta as ferramentas e abordagens que talvez sejam as mais apropriadas para combater cada tipo de complexidade e, essencialmente, fornece os blocos constituintes para que você construa sua própria estratégia de simplificação. A estrutura do livro corresponde a este guia: cada um dos próximos quatro capítulos abordará um dos quatro principais tipos de complexidade. Primeiro, exploraremos as formas não intencionais e quase sempre inconscientes pelas quais os gerentes criam complexidade para si. Depois, descreveremos as ferramentas e as abordagens que podem ser usadas para lutar pelo que é **certo**, sem recuar. Conforme mencionado na introdução do livro, muitas dessas ferramentas são bem conhecidas. Então, você pode consultar outros materiais de referência para obter descrições mais detalhadas. Mas este livro visa ajudá-lo a aplicar essas ferramentas de maneira estratégica para combater a complexidade com o tempo. Os dois últimos capítulos do livro ilustram como isso pode ser feito, independentemente de você estar tentando lidar com a organização inteira (Capítulo 6) ou apenas com parte dela (Capítulo 7).

---

* *Balanced Scorecards:* Metodoligia de medição e gestão de desempenho desenvolvida pelos professores da Harvard Business School, Robert Kaplan e David Norton.

TABELA 1.1

Guia da simplicidade

	Causas da complexidade	Abordagens para aumentar a simplicidade
Mitose estrutural	• Foco na estrutura antes da estratégia. • Projeto com base em pessoas e personalidades. • Criação de organizações mecânicas e não orgânicas.	• Diferenciação entre o principal e o contexto. • Adoção de uma perspectiva do cliente. • Consolidação de funções e tarefas semelhantes. • Desenvolvimento de camadas e aumento de intervalos de controle.
Proliferação de produtos	• Complexidade do volume. • Complexidade do apoio. • Complexidade do sistema. • Complexidade do projeto.	• Análise de portfólio. • Racionalização e redução de SKU*. • Parcerias com projetos de clientes.
Evolução de processos	• Diferenças locais. • Multiplicação de etapas e ciclos. • Informalidade de processos. • Falta de transparência multifuncional ou entre unidades.	• Identificação de práticas recomendadas. • Mapeamento e reformulação de processos. • Seis Sigma e *Lean*. • Resultados rápidos. • *Work-Out*.
Comportamento gerencial	• Supervalorização de pontos fortes. • Evitação de áreas de desconforto.	• Estratégia, planejamento e orçamento: decida sobre o nível de detalhamento necessário • Definição de metas e criação de demanda: melhore a calibração e evite os sete pecados mortais • Comunicações: esclareça as mensagens e identifique quem precisa recebê-las

Desafiando a complexidade na ConAgra Foods

Como funciona uma "estratégia da simplicidade" na prática? Vejamos o caso da ConAgra Foods.

Tente imaginar uma empresa multibilionária com mais de cem marcas de produtos e sem um método único para apresentar relatórios, fazer o acompanhamento e analisar resultados. Como você tomaria decisões sobre o desempenho relativo de marcas? E como produziria números consolidados para investidores e analistas? Foi isso que Gary Rodkin enfrentou ao deixar a PepsiCo, Inc. e se tornar CEO da ConAgra Foods, em outubro de 2005.

A complexidade da ConAgra certamente não foi planejada; ela foi o subproduto de uma estratégia de crescimento que atingiu seu ponto máximo. A partir

---

SKU - Stocking Keeping Unit, uma unidade mantida em estoque da década de 1970, a ConAgra (empresa de moagem de grãos que completava um século de existência) começou a comprar empresas alimentícias de marcas famosas. Como cada empresa tinha seu próprio nicho, a ConAgra decidiu mantê-las como operações relativamente autônomas, independentes. Essa estratégia desencadeou uma onda de crescimento, permitindo à ConAgra passar de um patamar de US$ 400 milhões para um pico de US$ 25 bilhões em receita na década de 1990. As receitas acabaram se estabilizando em US$ 14 bilhões após uma série de alienações.

Quando Rodkin chegou à ConAgra, a estratégia de manter diversas empresas operando de forma independente certamente **não era mais viável**. Os clientes exigiam que a ConAgra apresentasse uma única face, e não uma série desconectada de gerentes de marcas, representantes de atendimento ao cliente e auxiliares de escritório. Os funcionários se sentiam cada vez mais frustrados com a competição entre as unidades operacionais, a inexistência de possibilidade de encarreiramento entre as unidades e a forma complexa (e muitas vezes invisível) com que decisões eram tomadas. Os analistas buscavam números claros, concisos e confiáveis que lhes permitissem acompanhar o desempenho da empresa como um todo, e não apenas de cada parte separadamente. E os investidores queriam aplicar menos capital a funções duplicadas e investir mais nas marcas mais promissoras.

Mas não era fácil atender a tais exigências, pois havia uma enorme fragmentação de sistemas, dados, processos e organização. Basicamente, como o próprio Rodkin já havia percebido, reduzir a complexidade não era uma tarefa agradável. Tratava-se de uma urgência real dos negócios que poderia definir o êxito ou o fracasso da empresa. Portanto, trinta dias depois de sua chegada, ele passou a adotar a **simplicidade** como elemento central de sua visão pública da empresa e de suas escolhas diárias como CEO.

Simples não é o mesmo que fácil

Com essa urgência em mente, Rodkin começou a atacar a complexidade da ConAgra, concentrando-se primeiro na estrutura da empresa. O ponto de partida era transformar a ConAgra de uma empresa *holding* com múltiplas unidades em uma empresa operacional integrada. Em vez de cada marca ou conjunto de marcas fazer tudo por si só, as funções comuns, incluindo suprimento de produtos, vendas, finanças, recursos humanos, tecnologia da informação, P&D e jurídico, foram combinadas em unidades corporativas. As marcas foram aglutinadas em "**grupos operacionais**" de portfólio (pacotes de salgadinhos, refrigerantes, itens de mercearia, congelados e produtos comerciais). Esses grupos operacionais ficariam responsáveis pela lucratividade das marcas, obtendo serviços das funções da empresa. E as funções da empresa ficariam responsáveis por reduzir custos e dar apoio a lucros e perdas das marcas. Essa estrutura entrou em vigor no final de 2005, alguns meses após a chegada de Rodkin.

Enquanto Rodkin simplificava a estrutura organizacional da empresa, um projeto paralelo estava em andamento para simplificar a estrutura de marcas. Na antiga ConAgra, as mais de cem marcas tinham *status* idênticos. Elas competiam entre si por *marketing* e investimento em dólares, o que tornava o planejamento e a alocação de recursos uma competição livre e complexa. Para simplificar e racionalizar essas decisões, no início de 2006 a empresa classificou as marcas em três categorias: **crescimento** (marcas a serem desenvolvidas), **obtenção de caixa** (marcas a serem mantidas) e **alienação de investimento em potencial** (marcas a serem vendidas). As marcas do último grupo, que incluíam as marcas de carnes Armour, Eckrich e Butterball Turkey, foram imediatamente colocadas à venda - e vendidas no final do ano.

Todas essas novas funções e grupos de marcas da empresa, contudo, não acabaram com a aflição da ConAgra, pois os processos para operar a empresa ainda estavam atrelados à estrutura e à forma de fazer negócios adotadas no passado. Por exemplo, os relatórios de vendas continham centenas de páginas de dados, mas a função de finanças não conseguia comparar e contrastar facilmente os resultados de marcas, já que cada marca usava sua própria unidade de vendas – pesos, paletes, caixas de papelão, dólares, remessas, latas, o que fizesse sentido para os proprietários originais da marca. Da mesma forma, a organização da cadeia de suprimentos precisava fornecer latas em diversos tamanhos, o que exigia diferentes procedimentos de compras, fornecedores e processos de manufatura. Até mesmo os ingredientes eram extremamente complexos: para se ter uma ideia, os produtos da ConAgra utilizavam em sua composição doze tipos diferentes de cenouras.

Ficou evidente que simplificar a estrutura da ConAgra e a tipologia de produtos era como mexer em casa de marimbondo, revelando a complexidade de processos. E era bem mais difícil lidar com isso do que reorganizar a empresa ou classificar as marcas. Era preciso avaliar e repensar (ou eliminar ou recriar) cada uma das inúmeras formas encontradas pelas pessoas para concluir tarefas em tempo hábil dentro de e entre as unidades. Além disso, grande parte disso precisava ocorrer em nível corporativo, ou seja, as pessoas que nunca haviam trabalhado juntas antes (muitas das quais estavam acostumadas a competir entre si), agora precisavam colaborar. E precisavam fazer isso sem descontinuar os negócios.

Foi nesse ponto que Rodkin e sua equipe sênior perceberam que o esforço de simplificação de processos precisava ser associado a um foco consciente na mudança da cultura – dessa forma, a simplicidade seria valorizada e reforçada como parte integrante da maneira pela qual as coisas eram feitas, somado à responsabilidade pessoal e ao desejo de trabalhar em conjunto. Isso serviu para reafirmar o mantra de "simplicidade, responsabilidade e colaboração" definido por Rodkin como os princípios operacionais da nova ConAgra quando ele lá chegou.

Participando ativamente da simplicidade

Com base neste fundamento, Rodkin apresentou um programa que ele chamou de *RoadMap*, baseado no famoso *Work-Out* da GE, que conseguiu aglutinar pessoas de diferentes partes da empresa para repensar e recriar processos importantes e, ao mesmo tempo, dando vida à mensagem **"simplicidade, responsabilidade e colaboração."** Uma sessão inicial do *RoadMap*, por exemplo, focava a simplificação de hierarquias de relatórios financeiros para que todos pudessem relatar unidades de medida consistentes (libras ou quilogramas), unidades de produtos (latas ou caixas de papelão) e organização (por divisão, por marca, por submarca e assim por diante). Representantes dos grupos operacionais de marcas e das funções corporativas (ao todo, mais de 60 pessoas) discutiram sobre essas questões por dois dias com uma regra básica simples: ao final desses dois dias, eles tomariam uma única decisão que seria reconhecida e implementada por todos. E se não chegassem a essa decisão, o CFO (*chief financial officer* ou diretor de finanças) ou CEO tomaria a decisão e eles acatariam **aquela decisão**, independentemente de suas preferências originais. Ao que tudo indica, o grupo chegou a uma mesma decisão, o que permitiu aos setores de finanças e tecnologia da informação (TI) dedicar os diversos meses seguintes à construção de um sistema de relatórios que de fato englobasse a empresa inteira, que foi lançado com êxito em outubro de 2006, exatamente um ano após a chegada de Rodkin na ConAgra.

Em 2006, a ConAgra conduziu várias sessões de *RoadMap*, repensando toda a infraestrutura de processos da empresa em nível corporativo. Para coordenar todos esses esforços – e também ajudar a criar a cultura da simplicidade, responsabilidade e colaboração – líderes da transformação foram nomeados para cada unidade de negócios e função corporativa. Os líderes da transformação trabalharam junto com os executivos dos negócios ou funções correspondentes para identificar e priorizar oportunidades de *RoadMap* (processos que precisavam ser repensados) e para criar sessões a fim de atrair as pessoas certas. Os líderes também se tornaram uma comunidade de **líderes da mudança** que coordenavam o uso de materiais em comum, o treinamento de facilitadores para as sessões, mecanismos de rastreamento e uma estrutura de governança geral para dar continuidade aos esforços de simplificação de processos.

No final de 2006, a ConAgra já havia implementado um conjunto de processos bem mais simples na empresa inteira para relatórios, planejamento, dispêndios de capital, desenvolvimento e lançamento de novos produtos, gerenciamento de desempenho, entre outras coisas. Somado a isso, a empresa já apresentava uma boa margem de economia de custos. Por exemplo, o Centro de Negócios de Recursos Humanos (o serviço compartilhado para transações de RH) conseguiu dar conta do dobro do volume de trabalho sem precisar contratar outras pessoas para ajudar, e a divisão canadense reduziu em US$ 1,5 milhão as baixas contábeis em inventário. Vale frisar também que, a esta altura, mais de mil funcionários da ConAgra já participavam de programas voltados para a simplificação (em sessões de *RoadMap* ou em equipes de implementação). A cultura da simplicidade, responsabilidade e colaboração começava a se sedimentar.

Desenvolver e conduzir uma estratégia de simplificação para uma organização, contudo, é bem mais do que uma prática organizacional, analítica ou de aperfeiçoamento de processos. Isso exige o envolvimento pessoal. Se você deseja seriamente adotar a simplificação na sua empresa, precisa identificar seus próprios padrões de comportamento. Assim como a maior parte dos gerentes, há uma grande possibilidade de você estar gerando complexidade sem perceber, pois *todos* os estilos de gerenciamento podem produzir e de fato produzem complexidade; o que muda é a forma como agem. Além disso, você não pode esperar que subordinados levem a sério a simplificação, a menos que você mesmo seja um modelo de comprometimento com isso. É aconselhável que você reflita sobre seus próprios padrões e formas de mudá-los para atingir a simplicidade; caso contrário, é provável que mais tarde descubra que inconscientemente sabotou o esforço.

Como parte do esforço de mudança geral na ConAgra Foods, Gary Rodkin e cada um de seus altos executivos trabalharam com um consultor de liderança, de forma individual e coletiva. Um comentário em relação a Rodkin foi que ele às vezes deixou de especificar quem deveria assumir a liderança diante de um problema interfuncional ou entre unidades de negócios. O consequente trabalho baseado em hipóteses conduzia ao que eles denominavam **"bolas ao alto"**: com vários executivos supondo que detinham o comando ou acreditando que outra pessoa o detinha – gerando confusão, competição e, ocasionalmente, negligência. Ao discutir sobre essa tendência, Rodkin e seus subordinados diretos conseguiram acabar com as bolas ao alto e simplificar a resolução de problemas graves. No processo, eles também perceberam que este padrão se repetia em algumas das equipes de gerenciamento de outros níveis hierárquicos e estava gerando complexidade ali. Portanto, a tentativa de resolver o problema em conjunto teve um impacto bem maior do que o próprio comportamento de Rodkin.

Você está realmente pronto para a simplificação?

Nem todas as pessoas estão preparadas ou dispostas a simplificar uma organização inteira. O mesmo vale para a maioria das organizações: nem todas demandam o tipo de estratégia abrangente e drástica que Gary Rodkin lançou na ConAgra Foods. No entanto, todos os gerentes têm oportunidades de melhorar os resultados através da simplificação em seus próprios níveis. Resta saber se você realmente enxerga essas oportunidades, ou se elas já se incorporaram de tal forma à sua rotina que você nem percebe mais sua presença. E, mesmo que você consiga enxergar essas oportunidades, é preciso descobrir se você está disposto a aceitar essas complexidades como algo incômodo que faz parte do seu quotidiano ou se de fato quer fazer algo para mudar a situação. No **Guia de Avaliação 1.1** você encontra uma sugestão de como avaliar facilmente sua necessidade de simplificar sua organização.

Decisões individuais desse tipo podem mascarar uma grande reserva de aperfeiçoamentos em potencial. Em um encontro dos 120 melhores gerentes de uma empresa europeia de grande porte, o novo CEO pediu a todos para fazer um *brainstorm* de oportunidades de simplificação nas quatro áreas principais: estrutura, produto, processo e comportamento. Em vinte minutos, o grupo expôs centenas de ideias: atualizar e simplificar o sistema complexo de classificação do trabalho e torná-lo mais consistente na empresa inteira, criar serviços compartilhados para apoiar vários negócios nas regiões, esclarecer regras de tomada de decisão (entre a empresa e as unidades de negócios e entre níveis dentro das unidades), consolidar unidades de subordinação e reduzir o número de pessoas jurídicas, e assim por diante. É interessante observar que todas essas ideias já existiam antes desse encontro. Na verdade, elas já circulavam pela empresa há anos. Mas foi preciso que um novo CEO assumisse o comando e tornasse a simplificação uma prioridade. Antes disso, todos aceitavam a forma como as tarefas eram executadas nesta corporação.

Essa aceitação do *status quo* da complexidade é uma situação comum. Tendemos a nos acomodar e a aceitar maneiras não ideais de trabalhar com nosso pessoal, com clientes e com parceiros. Ficamos mudos diante da complexidade e só começamos a nos manifestar sobre ela quando clientes, custos ou outras crises nos forçam a entrar em ação. Mas as coisas não precisam caminhar dessa forma. A simplificação pode ser uma estratégia contínua para sua unidade ou para sua empresa. Ela pode ser uma maneira de diferenciar você da concorrência, fortalecendo a lealdade e o envolvimento de seus funcionários, e melhorando a eficácia geral organizacional. Não perca tempo. Entre logo em ação.

GUIA DE AVALIAÇÃO 1.1

Quais são os principais tipos de complexidade na sua organização?

Para começar, preencha o questionário a seguir. Peça aos seus subordinados diretos para também preencherem o questionário e incentive outros da sua organização a participar. Quando tiver uma amostra representativa, analise as respostas junto aos seus colegas. O diálogo aqui conta mais do que as pontuações. Aproveite as discussões para conscientizar as pessoas sobre a complexidade e para levá-las a identificar oportunidades de simplificação já existentes. Se detectar algo que pode ser logo modificado, não perca tempo. Se as oportunidades não forem diretamente acionáveis, considere esta ação como o primeiro passo para criar uma estratégia de simplificação. Nos demais capítulos deste livro, verificaremos outras medidas necessárias.

Instruções - Para cada pergunta, selecione a resposta 1, 2 ou 3. Depois, some os números em cada uma das quatro seções e também do questionário todo. A pontuação máxima de qualquer seção é de 15 pontos (5 perguntas, cada uma com a resposta 3).

Organização

A) Você consegue desenhar com facilidade uma imagem da sua estrutura, mostrando as principais unidades de negócios, funções e áreas geográficas?

Esta tarefa é simples e direta.	1
Preciso dar algumas explicações.	2
Preciso da ajuda de um programa de computador.	3

B) Quantas camadas organizacionais existem entre o CEO e os trabalhadores de primeira linha?

Sete ou menos.	1
De oito a dez.	2
Mais de dez.	3

C) Até que ponto funções semelhantes ou duplicadas na sua organização são otimizadas e consolidadas em centros de excelência ou serviços compartilhados?

Estamos sempre em busca destas oportunidades	1
Fazemos isto de vez em quando.	2
Não temos o costume de fazer isso.	3

Organização (*continuação*)

D)	Se você tivesse a oportunidade de reorganizar a empresa (ou a parte que lhe pertence) e desejasse manter ou aumentar a produtividade, qual seria o percentual mínimo da força de trabalho a ser mantido?	
	100% da nossa força de trabalho atual	1
	Em torno de 85% da nossa força de trabalho atual	2
	75% ou menos da nossa força de trabalho atual	3
E)	Quantas pessoas, em média, se reportam diretamente a gerentes na sua empresa?	
	Dez ou mais	1
	De cinco a nove	2
	Menos de cinco	3

Total para organização

Produtos ou serviços

F)	Com que frequência você faz uma análise completa do seu portfólio de produtos ou serviços?	
	Regularmente – pelo menos uma vez por ano.	1
	A cada dois anos	2
	Não me lembro da última vez em que fizemos isso.	3
G)	Até que ponto você cria produtos ou serviços pensando na simplicidade, do ponto de vista interno e do cliente?	
	Clientes e funções internas conduzem à simplicidade.	1
	Levamos isso em conta em nossos projetos.	2
	Quando muito, pensamos nisso depois de tomar a decisão.	3
H)	Se pudesse otimizar suas linhas de produtos ou serviços sem reduzir a rentabilidade, que percentual você eliminaria?	
	Um percentual baixo.	1
	Em torno de 15%.	2
	Em torno de 25% ou mais.	3

I) Quantos produtos ou serviços sua empresa oferece?

    Uma quantidade gerenciável.   1

    Um pouco mais do que precisamos.   2

    Acima de nossa capacidade de gerenciamento.   3

J) Até que ponto seus produtos e serviços antigos desapareceram quando novos foram apresentados?

    Sempre que necessário; temos um processo formalizado.   1

    Periodicamente, mas não adotamos um processo formalizado.   2

    Raramente   3

Total para produtos e serviços

Processo

K) Quanto tempo seu departamento de finanças leva para fechar a contabilidade no final de cada período de relatórios?

    Menos de uma semana.   1

    De uma a três semanas.   2

    Três semanas ou mais.   3

L) Quantos meses leva para criar o orçamento do próximo ano fiscal?

    Menos de dois meses.   1

    Entre dois e quatro meses.   2

    Cinco meses ou mais.   3

M) Quando você precisa de aprovação para uma despesa de capital ou modificação de política, até que ponto você deixa claro como obtê-la?

    Sei exatamente como obter aprovação.   1

    Tenho uma ideia razoável do que fazer.   2

    Não sei exatamente como conseguir isso.   3

N) Em quanto tempo se resolvem os conflitos internos e com clientes?

    De imediato.   1

    Em uma semana.   2

    Eles parecem não ter fim.   3

Total para processo (*continuação*)

O) Qual é a lacuna existente entre sua produtividade atual e os alvos de produtividade nas suas metas estratégicas?	
Nenhuma.	1
Alguma.	2
Enorme.	3.

Total para processo

Total para comportamento gerencial

P) Quantos empregados conseguem descrever com precisão suas metas estratégicas gerais?	
Quase todos.	1
Cerca de metade.	2
Poucos.	3
Q) Quanto tempo os gerentes sêniores dedicam a reuniões?	
Menos de um quarto do seu tempo.	1
Quase metade do seu tempo.	2
A maior parte do seu tempo.	3
R) Quantas pessoas precisam entrevistar novos altos executivos em potencial antes de uma decisão de contratação?	
Poucas.	1
De quatro a oito.	2
Nove ou mais.	3
S) Quantos dos relatórios escritos ou lidos agregam real valor?	
A maioria (aproximadamente 80-100%).	1
Mais da metade (50-80%).	2
Menos da metade.	3
T) Em média, quantos *e-mails* internos da sua empresa agregam pouco ou nenhum valor?	
Poucos (menos de 10%).	1
Um número considerável (10-30%).	2
Um número excessivo (mais de 30%).	3

Total para comportamento gerencial total

Total geral

Pontuação – 5 pontos ou menos em qualquer categoria sugere que a complexidade está sob controle na área em questão. Já 6 a 10 pontos são um sinal de alerta; a complexidade pode estar crescendo assustadoramente e a área deve passar por análise mais detalhada. Acima de 10 pontos em qualquer categoria indica que a complexidade pode já estar fora de controle e que isso deve ser um foco da sua estratégia de simplificação. Uma pontuação total abaixo de 20 representa excelência na simplificação. De 21 a 40 significa complexidade alarmante. Acima de 40 é motivo de preocupação.

CAPÍTULO 2

Simplificando a estrutura

UMA DAS GRANDES IRONIAS DA sociedade moderna é que as organizações complexas de hoje foram criadas justamente para simplificar tarefas complexas. Henry Ford, Frederick Taylor e outros pioneiros da revolução do gerenciamento científico no início do século XX perceberam que a melhor forma de concluir tarefas em tempo hábil em grande escala era dividir o trabalho em tarefas separadas e simples. Para tanto, eles contavam com o apoio tecnológico. Trabalhadores podiam se organizar em unidades onde utilizariam a tecnologia como um instrumento para fazer uma ou duas coisas bem feitas, repetidas vezes, sem precisar pensar em como fazer para tudo dar certo. O engenheiro ficava responsável pelo projeto das tarefas e o gerente (supervisor) precisava verificar se essas tarefas estavam sendo conduzidas adequadamente (as especificações certas, o prazo e o custo) e depois passar os resultados para o próximo departamento para processamentos ou agregações adicionais. Tudo era bem lógico, direto e simples.

Este paradigma básico de subdividir o trabalho em tarefas separadas e em unidades organizacionais, e depois agregá-lo novamente através de direção e de controles gerenciais, tem sido a base da vida organizacional desde então. As origens reais desse sistema são bem mais remotas. Alguns dizem que ele faz parte das organizações humanas desde os tempos dos faraós no Egito ou desde a construção da Grande Muralha da China. Mas, quando esse sistema hierárquico foi associado aos avanços tecnológicos da era industrial, ele gerou enormes saltos em termos de produtividade, eficácia e resultados – acelerando os avanços sem precedentes no padrão de vida experimentado em diversas parte do mundo.

Mas, na verdade, o projeto de organização hierárquica nunca foi tão simples quanto seus defensores alegavam ser.

Imperfeições na simplicidade hierárquica

Para começo de conversa, muitas pessoas não querem repetir a mesma tarefa várias vezes, pois a consideram entediante ou aviltante. O que elas querem é **pensar**, contribuir com o panorama global, compreender como seu trabalho faz a diferença e aprender novas habilidades. Elas também não querem que outras pessoas digam o que devem fazer, como se não tivessem outra opção. Isso gera uma tensão inerente entre trabalhadores e gerentes em uma organização hierárquica – entre as pessoas que executam tarefas independentes e aquelas que precisam certificar-se de que essas tarefas sejam executadas de maneira uniforme, sem o pensamento independente. Com exceção das pessoas que voluntariamente se dispõem a servir a uma ordem religiosa ou a servir ao exército (ou são compelidas ou coibidas a fazê-lo e acabam submetendo-se à sua fé), esta tensão quase sempre existe.

Nos primórdios da linha de montagem, quando a corporação hierárquica despontava, as conversas giravam em torno do risco de tornar o trabalho simples demais e excessivamente repetitivo. Holbrook Fitz John Porter, um dos primeiros engenheiros industriais, que defendia uma maior **"democracia industrial"** no *The New York Times*, em 1919, resumiu a tensão desta forma:

> Há um século, os estabelecimentos industriais eram menores do que hoje e o empregador conhecia todos os funcionários e suas famílias. Ele se solidarizava com eles e procurava ajudá-los. O pessoal valorizava a consideração por seu bem-estar e, em troca, oferecia sua lealdade. Mas, com o passar do tempo, o número de estabelecimentos industriais cresceu muito, a finalidade dos negócios da empresa tomava tanto tempo do empregado que ele precisou contratar um superintendente para cuidar da loja. Assim, o contato direto que o empregador tinha com seu pessoal ficou muito prejudicado. Logo depois, as lojas foram divididas em departamentos... Com a expansão gradual da fábrica industrial, ocorreu uma ruptura. Os interesses do empregador e do empregado não eram mais mútuos; pelo contrário, eles se tornaram antagônicos.

Como reação a essa ruptura, Porter propôs um sistema em que "o pessoal fosse incentivado a dar sugestões para a melhoria da fábrica."[1]

À medida que ocorriam mais debates, os industrialistas continuavam a refinar o modelo hierárquico e a produzir um fluxo de mercadorias sem precedentes. Mas o debate a respeito da adequação ou não deste modelo nunca desapareceu por completo – ele apenas passou da teoria para as ruas. Sindicatos surgiram como bases de poder alternativas para combater o controle gerencial, formalizando a divisão entre gerentes e trabalhadores. Portanto, desde o início, o modelo organizacional era complicado, com controles gerenciais adicionais para manter o acompanhamento dos trabalhadores, com uma estrutura de poder alternativa (os sindicatos) que eram contrários aos controles gerenciais, e com funções adicionais, como advogados trabalhistas e especialistas em pessoal, que eram necessários para manter o sistema em equilíbrio.

Além disso, estes primeiros pioneiros industriais também aprenderam que simplificar o trabalho não significava simplificar o modelo organizacional. Fabricar "coisas" grandes como, por exemplo, automóveis, barras de aço e vagões de trem, envolviam uma série de etapas. Cada etapa, por sua vez, exigia o esforço de uma unidade ou departamento diferente. E cada etapa precisava de funções de apoio – engenharia, aquisição de materiais, controle financeiro, contratação e treinamento de trabalhadores, vendas a clientes, entre outras. Então, ocorreu uma proliferação de organogramas, com múltiplos departamentos e seções, depois fazendo brotar vários níveis de gerentes para organizá-los e controlá-los.

Com o avanço tecnológico e educacional, um número cada vez maior de variações foram introduzidas nesses modelos organizacionais básicos. Engenheiros de *design* de produtos se uniram a engenheiros metalúrgicos para produzir ferramentas de maquinário, e também em outras especialidades, cada qual com a necessidade de ter seu próprio departamento. Da mesma forma, em vez de generalistas em finanças, as empresas precisavam de controladores, analistas, especialistas em tributação, planejadores financeiros, entre outros.

E os consumidores trouxeram ainda mais complexidade. Henry Ford queria produzir um tipo de carro em uma única cor, utilizando material padrão. Isso tornou as coisas relativamente simples. Mas as pessoas buscavam diferentes tipos e modelos de carros, em diferentes cores e com características variadas. O Modelo T preto já não era suficiente. Isso levou à proliferação e expansão das estruturas organizacionais. Ao final da Segunda Guerra Mundial, o mundo ocidental havia criado não apenas máquinas industriais extremamente produtivas, mas também organizações muito complexas, com várias unidades, funções, departamentos, grupos de produtos, marcas, níveis, camadas, cargos, e muito mais.

Dessa forma, o que começou como uma maneira simples de produzir mercadorias e serviços em grande escala, rapidamente se tornou o sistema organizacional extremamente complexo que conhecemos hoje. Descrevo essa condição como "**mitose estrutural**", pois as organizações são divididas repetidas vezes em novas unidades e departamentos, assim como as células se subdividem em estruturas biológicas mais complexas e nem sempre benignas.

Três armadilhas involuntárias da complexidade na criação de organizações

É claro que as estruturas organizacionais não nascem pura e simplesmente como Atena, que surgiu da testa de Zeus. Os gerentes projetam estruturas organizacionais de acordo com seu discernimento sobre como dividir tarefas, designar trabalho e controlar a empresa de uma forma geral. Depois, eles incentivam a mitose estrutural à medida que continuam a ajustar e recriar essas estruturas. Três armadilhas comuns residem no tempo de espera até que gerentes criem esses projetos:

- Foco na estrutura antes da estratégia.
- Projeto de acordo com a pessoa e sua personalidade.
- Criação de organizações mecânicas, e não orgânicas.

Estrutura antes da estratégia

Desde a infância e no decorrer da vida, a maioria das pessoas deseja saber a que grupo pertencem, seja na família, na escola, na comunidade, na rede social, na organização do trabalho. Então, é fácil compreender por que gerentes passam tanto tempo refinando o projeto da organização na tentativa de garantir que as pessoas sempre saibam a quem estão subordinadas e quais são suas atribuições, antes de saber exatamente o objetivo do projeto.

Há alguns anos, meus colegas e eu trabalhamos com uma empresa de copiadoras que lutava para sobreviver em meio da concorrência difícil de rivais norte-americanos e japoneses. Um diferencial da empresa em questão era uma tecnologia de *toner* proprietária que habilitava suas copiadoras a operar com menos calor, a um custo menor e com maior confiabilidade do que as copiadoras dos principais concorrentes. Essa tecnologia era algo que de fato poderia salvar a empresa. Entretanto, os gerentes seniores, que em sua maioria já havia trabalhado na venda de copiadoras, ficavam pouco à vontade ao lidar com questões estratégicas sobre o desenvolvimento de novos produtos, investimentos de engenharia e pesquisa aplicada.

Assim, eles se concentraram em como organizar os setores de *marketing* e vendas para oferecer clareza à grande maioria dos seus colegas, que se equiparavam às outras empresas copiadoras do mercado. P&D se tornou um primo distante e sem vínculo, operado quase como uma empresa independente. Mas, sem um ciclo de *feedback* forte de vendas para P&D, além de um fluxo contínuo de novos produtos e características baseadas na tecnologia proprietária, o pessoal de vendas e *marketing* ficaria em desvantagem competitiva. Para conquistar mais negócios, a equipe sênior fez constantes mudanças na estrutura da organização das filiais e na equipe de contabilidade nacional, definindo novas estruturas de canais e fazendo outras modificações. Quase todas essas mudanças tornaram a vida bem mais complicada para todos e praticamente nenhuma delas fez diferença nas vendas. A empresa acabou sendo sobrepujada por uma rival japonesa que decidiu focar a tecnologia, terceirizando e simplificando o *marketing* e as vendas.

Em retrospectiva, é fácil verificar que os líderes da empresa copiadora deveriam primeiro ter definido uma estratégia de crescimento que explorasse sua tecnologia e, somente depois, criar uma estrutura organizacional que visasse desenvolver essa estratégia. Isso teria levado a empresa a ser menos complicada e possivelmente mais bem-sucedida.

No fervor da batalha, contudo, não é fácil encontrar a causa-raiz que levou a tal estado de complicação. Problemas de desempenho compelem gerentes a continuar fazendo ajustes táticos que parecem lógicos. Apesar de cada modificação em si fazer sentido, a combinação gera uma série constante de mudanças mitóticas que só contribuem para aumentar a complexidade. Por exemplo, na empresa de copiadoras, a luta pelo crescimento das vendas líquidas levou a um grande inventário de equipamentos cujo contrato de *leasing* havia terminado. As unidades de vendas ficaram responsáveis por revender essas máquinas, mas como o inventário cresceu, o gerenciamento decidiu criar um novo departamento destinado à revenda de equipamentos. Ideia sensata na teoria, mas na prática, o novo departamento levou à adição de novos níveis de aprovações, novos procedimentos, novos programas e incentivos, novos relatórios e nova equipe para gerenciar tudo isso. No final, o pessoal de vendas considerava o departamento de revenda de equipamentos como mais uma complicação desnecessária incluída pela sede e que dificultava ainda mais o seu trabalho. Mas, como o departamento já estava pronto, seria muito difícil eliminá-lo e, na essência, ele adquiriu vida própria.

Fazer parte de uma estrutura organizacional complexa é como estar no meio de um labirinto sem um mapa para encontrar a saída. Vale a pena fazer uma pausa e questionar se sua estratégia para o sucesso é clara – e se sua estrutura organizacional está alinhada com essa estratégia. Caso contrário, as mudanças táticas forçarão você e seu pessoal a se movimentar cada vez mais rápido no labirinto, sem que isso aumente suas chances de encontrar a saída.

Pessoas e personalidades

Apesar de as estruturas organizacionais serem frequentemente representadas como conjuntos de "caixas retangulares" interligadas, na realidade, essas caixas (ou retângulos) contêm **seres humanos** com pontos fortes, pontos fracos e personalidades distintas. E, muitas vezes, essas características humanas não se ajustam à lógica do modelo organizacional. Como resultado, gerentes precisam fazer ajustes ao modelo para que o pessoal existente se sinta à vontade.

Há alguns anos, trabalhei com o CEO de um hospital que estava tentando ajustar procedimentos operacionais, reduzir custos e aperfeiçoar o atendimento a pacientes. Uma das principais oportunidades estratégicas foi ampliar a clínica para pacientes sem pernoite; isso permitiria ao hospital usar seus recursos especializados para tratar mais pessoas sem precisar aumentar o número de leitos. Para viabilizar isso, era preciso uma dose extra de disciplina no gerenciamento da clínica para pacientes sem pernoite – procedimentos padrão de entrada; métodos rotineiros de faturamento e cobrança; protocolos pré-acordados para vários tipos de atendimento a pacientes; procedimentos de acompanhamento, entre outros itens. Infelizmente, a médica responsável pela clínica não tinha um talento especial para gerenciamento e não estava disposta a impor padrões aos outros médicos clínicos. Embora o CEO tenha percebido que essa gerente sênior não era a pessoa certa para implementar a estratégia clínica, ele valorizava sua lealdade e competência para trabalhar com o *staff* clínico. Em vez de substituí-la naquela função, o CEO colocou um COO (*chief operating officer* ou executivo-chefe de operações) no departamento de pacientes sem pernoite. Esse COO, por sua vez, trouxe subgerentes para diversas das clínicas. No final, a estrutura geral era mais complexa, com mais níveis hierárquicos e uma contabilidade confusa, sem contar que as metas estratégicas ainda não tinham sido alcançadas.

Qualquer pessoa que tenha trabalhado em uma empresa de grande porte, certamente verificou este padrão: mudar a estrutura para **satisfazer as pessoas**, em vez de escolher as **pessoas certas** para operar com a estrutura necessária à organização. Com o tempo, esses tipos de ajustes geram ineficácia, confusão e complexidade geral. Um exemplo clássico foi o resultado da fusão Travelers-Citibank em 1998. Em vez de tomar uma decisão clara sobre quem comandaria as empresas que se fundiram, Sandy Weil e John Reed se tornaram co-CEOs. Essa estrutura com duplo comando se espelhou nos diversos departamentos, em que ficou decidido que seriam nomeados cochefes (um do Citibank e um do Travelers) que trabalhariam em conjunto para operar suas áreas. É claro que cada cochefe precisava de *staff* e de pessoal de apoio. Dessa forma, as estruturas se tornaram logo sufocantes, complicadas e ineficazes. Em muitos casos, os dois co-chefes, em vez de colaborar, competiam entre si.

O Citi-Travelers é um caso **extremo**, mas esse tipo de dinâmica é muito comum. Pensando em não perder pessoas qualificadas nem forçá-las a ocupar cargos em que o desafio seria enorme, tendemos a ajustar a organização para adequar os pontos fortes ou níveis de conforto do *staff* existente. Apesar de esse tipo de ajuste trazer uma sensação boa a curto prazo, quase sempre isso gera confusão e complexidade mais adiante. Portanto, novamente, se você se deparar com uma organização complexa, pergunte a si mesmo se a estrutura pode ter sido projetada em torno das limitações de seus gerentes.

Modelos mecânicos e não orgânicos

Qualquer um é capaz de reconhecer um **organograma padrão** – uma série de caixas retangulares e linhas interconectadas que visam representar a maneira pela qual uma organização está estruturada. Essa é uma forma tão aceita de pensar sobre organizações que ela foi até incluída no PowerPoint da Microsoft e na maioria dos demais pacotes de *software* de apresentação. Você só precisa incluir nomes nas caixas e *voilà* – eis que a sua organização está pronta.

Infelizmente, o projeto de retângulos e linhas é um produto de suposições da engenharia industrial do início do século XX. Os retângulos têm o objetivo de limitar as pessoas dentro delas a tarefas e funções específicas. As linhas visam mostrar as relações hierárquicas. Mas esse tipo de gráfico não representa a realidade: as organizações são organismos vivos e dinâmicos que evoluem e mudam o tempo todo, pois novas pessoas são contratadas, novos produtos são adicionados, novos processos são desenvolvidos, novos clientes e mercados são abertos e surgem novas condições ambientais. Adicionalmente, a maior parte do trabalho consiste em processos que atravessam as caixas horizontalmente. Portanto, muitas pessoas acham impossível ficar restrito às suas caixas e "atravessar canais" para obter o que precisam para suas tarefas. A própria noção de que uma organização é algum tipo de máquina com um projeto estático é totalmente obsoleta.[2]

Quando gerentes criam estruturas de empresas, contudo, eles ainda utilizam o organograma hierárquico padrão, em grande parte porque não dispõem de ferramentas voltadas para as organizações orgânicas de hoje. Isso gera imediatamente algum grau de complexidade, pois o gráfico oficial não coincide com a prática. A maior armadilha vem em seguida. Acreditando de fato que o modelo mecânico reflete a realidade organizacional, as pessoas tentam ajustar a empresa para torná-la cada vez mais perfeita. Isso quase inevitavelmente resulta em uma complexidade ainda maior porque a estrutura formal passa a ficar ainda mais desalinhada com o comportamento atual.

Há muitos anos, trabalhei com a Siemens em um programa de liderança. Muitos gerentes relatavam que era difícil operar com eficácia na organização matricial geral com que se deparavam. Eles estavam envolvidos em negócios estruturados em grupos de produtos ou tecnologia, cada qual em coordenação com organizações geográficas de países e regiões. E todos precisavam lidar com funções (tais como finanças, RH e jurídico) que abrangiam produtos e pontos geográficos. Os gráficos descreviam essas relações e quem se reportava a quem, mas quando tudo era aglutinado, a estrutura ficava tão complexa que poucos gerentes conseguiam decifrá-la. Os procedimentos operacionais eram adequados, mas eles não bastavam para tornar o negócio bem-sucedido.

Em contraste, a GE Capital, que na década de 1990 tinha diversos negócios, muitos dos quais também globais, operava sem um organograma tradicional. O CEO Gary Wendt organizou a empresa com base em um diagrama de uma página que ele denominou **"gráfico de bolhas"**. No centro da página encontravam-se os serviços corporativos oferecidos pela sede da GE Capital – finanças, RH, jurídico e outros. As unidades de negócios independentes eram representadas como "bolhas" saindo do centro. Cada "bolha de negócios" tinha um presidente que a organizava para melhor atender suas metas. Sempre que um negócio crescia demais, tornando a sua gestão difícil e complexa, Wendt dividia-o em negócios menores ou associava-o a outro negócio que gerasse sinergia. Tratava-se de uma estrutura organizacional realmente orgânica, em constante mudança, conforme as necessidades do negócio. Essa flexibilidade e simplicidade permitiram à GE Capital se tornar um dos principais mecanismos de crescimento da GE nesse período.

Novamente, caso você se sinta acuado em um labirinto de complexidade organizacional, uma terceira pergunta que você poderá fazer a si mesmo é se o seu projeto é tão mecânico que tira de você a flexibilidade necessária para se ajustar às novas condições dos negócios.

Recomeçando: como se livrar das armadilhas da complexidade

Digamos que você tenha acabado de ser nomeado para um novo cargo em que terá a liberdade de projetar ou reprojetar sua organização. Como criar uma estrutura que minimize a complexidade? Além de ficar atento às três armadilhas, aplique estes quatro princípios:

- Saiba distinguir essência de contexto.
- Adote a perspectiva do cliente.
- Consolide funções e tarefas semelhantes.
- Corte camadas (níveis hierárquicos) e aumente a extensão do controle.

Essência versus contexto

Geoffrey Moore, um consultor que trabalha com tecnologia e outras empresas em rápida expansão, sugere uma distinção útil entre o que ele chama de "essência" e "contexto".[3] As partes **essenciais** de uma organização correspondem às funções, unidades ou atividades que impulsionam a estratégia dos negócios. Como tal, elas devem ser de propriedade exclusiva e com operação própria já que oferecem uma vantagem competitiva. As funções ou unidades de **contexto** dão apoio às áreas essenciais, mas não são particularmente exclusivas; seus serviços podem ser comprados de outras pessoas. Uma forma de evitar a armadilha **estrutura antes da estratégia** é verificar cuidadosamente a questão da essência e do contexto como parte do projeto da sua organização. Concentre-se primeiro nas partes essenciais dos negócios e, depois, automatize, terceirize, otimize ou reduza custos nas atividades de contexto (desde que isso não afete o trabalho essencial).

Por exemplo, na empresa copiadora que se distraiu refinando a operação de vendas, uma análise das atividades essenciais teria destacado a função importante da pesquisa e do desenvolvimento de produtos. Os gerentes provavelmente teriam estabelecido um vínculo melhor entre as equipes de P&D e de vendas. Da mesma forma, eles poderiam ter decidido que a venda de equipamentos *off-lease* era uma função não essencial, sem uma vantagem competitiva específica (com exceção da melhoria do balanço contábil). Então, eles teriam a desmembrado como uma unidade de negócios separada com seus próprios demonstrativos de lucros e perdas.

A Pitney Bowes adotou exatamente o mesmo princípio em seu negócio inteiro de copiadoras, em 2001. Ao perceber que a venda de copiadoras não fazia parte da essência da Pitney Bowes (focada no gerenciamento de documentos e em serviços de remessa), o CEO Michael Critelli trabalhou junto ao Conselho de Administração para criar a Imagistics, uma empresa separada que poderia se concentrar exclusivamente em copiadoras. O COO da Pitney Bowes, Marc Breslawsky, se tornou CEO da nova empresa – e as duas empresas fizeram sucesso. O que antes era contexto para a Pitney Bowes (copiadoras) se tornou essência para a Imagistics.

Perspectiva do cliente

Um segundo princípio para reduzir a complexidade é projetar sua organização a partir da perspectiva dos seus clientes. **Como facilitar ao máximo o processo de negociação das pessoas com você?**

Lembro-me que tirei essa lição de uma de minhas primeiras experiências de consultoria com o então Chase Manhattan Bank. Na época, a maior parte do banco estava organizado em grupos de produtos, cada um responsável pela venda de suas ofertas de maneira independente. A principal exceção era a divisão Corporate Banking, que estava organizada em torno de clientes importantes e que designava "gerentes de relacionamento" para ela. Mas esses gerentes de relacionamento se concentravam no empréstimo corporativo, ignorando a infinidade de outros produtos oferecidos pelo Chase. Em virtude dessa estrutura, o diretor do Corporate Banking na época percebeu que não tinha uma real noção do movimento de negociações do banco com clientes, nem do perfil de risco consolidado. Adicionalmente, ele se perguntava até que ponto o banco não estava perdendo oportunidades de fazer mais negócios com seus melhores clientes financeiramente estáveis. A título de experimento, enviamos um comunicado sobre uma reunião, a ser realizada em determinada data, com todos que estivessem fazendo negócios com um cliente específico. Ao entrar na sala de reuniões, ele se deparou com várias pessoas de pé. Mais de quarenta unidades do banco estavam realizando algum tipo de negócio com esse cliente. A maioria delas não tinha a menor ideia do que os outros faziam. **Imagine como o cliente se sentiu ao se ver cercado de vários banqueiros da mesma instituição!**

Como resultado desse experimento, o Chase decidiu fortalecer a função do gerente de relacionamento corporativo, reduzir a capacidade de vendas diretas de grupos de produtos e adotar uma abordagem mais coordenada em relacionamentos com clientes importantes. Isso aumentou a rentabilidade do banco, ajudando-o a gerenciar riscos. Somado a isso, a mudança tornou bem mais simples para clientes negociar com o Chase. A visão da organização de fora para dentro não precisa desencadear uma grande reestruturação, o que pode complicar ainda mais as coisas, mas isso ajuda a oferecer orientação sobre como diferentes unidades trabalham umas com as outras de maneira mais simples.

Por exemplo, o negócio corporativo (um grande negócio de cliente corporativo) da Cisco Systems é uma matriz clássica em que executivos de contas de diferentes regiões geográficos trabalham com organizações de produtos e serviços para apoiar os clientes. Apesar das tensões e complicações causadas por essa estrutura matricial, ela já existe há muitos anos; as pessoas sabem como concluir tarefas em tempo hábil; são empregados sistemas de contabilidade e relatórios; e os executivos de contas oferecem um ponto de coordenação e responsabilidade. Assim, em sua maioria, os clientes se mostram satisfeitos com a estrutura. Entretanto, no final de 2006, vários clientes começaram a comentar que a estrutura da Cisco não promovia a grande especialização do setor que poderia ajudá-los a desenvolver soluções para seus problemas exclusivos, o que a maioria deles esperava dos parceiros tecnológicos. Em vez de reconfigurar a empresa inteira e gerar ainda mais complexidade, a Cisco nomeou Patrick Finn como um novo vice-presidente de "verticais" do setor e pediu que ele tratasse do problema dos clientes sem mudar significativamente a estrutura geral. Finn reuniu uma pequena equipe de "especialistas de cada campo" para cada "vertical", como saúde, governo, educação, serviços financeiros e varejo. As equipes buscavam desenvolver *expertise* do setor capaz de tornar os executivos de contas existentes mais conhecedores de seus próprios setores, permitindo, assim, atender às necessidades dos clientes sem complicar demais a organização. E, a propósito, as vendas aumentaram consideravelmente.

Consolidação

Um sintoma da mitose estrutural é a existência de múltiplas unidades que desempenham tarefas idênticas ou semelhantes – ou as mesmas tarefas ou funções executadas em diferentes locais. Às vezes, elas podem ser funções essenciais dos negócios, como ocorre quando uma empresa possui diferentes forças de vendas. Em outros casos, elas podem ser funções de contexto, como o apoio administrativo para vendas ou relatórios financeiros de diferentes pessoas jurídicas. Em qualquer situação, sempre que esse tipo de **redundância** é identificado, um terceiro princípio para criar simplicidade é explorar a possibilidade de consolidá-las em um só local. Uma vez consolidadas as funções, fica mais fácil automatizar, terceirizar ou até melhorar a relação custo-benefício e a qualidade dessas funções.

A maioria das empresas de grande porte seguiram nessa direção na última década, criando centrais de atendimento compartilhadas e centros de excelência. A forma simples de pensar sobre isso é utilizar a matriz dois por dois, mostrada na Figura 2.1.

FIGURA 2.1
Simplificação através da consolidação

Expertise necessário	Volume Alto	Volume Baixo
Alto	Centro de excelência	Consultoria terceirizada
Baixo	Central de atendimento	Agregação

Uma dimensão desta matriz é o volume da atividade ou função. Isso é feito com frequência na organização? A outra dimensão é o grau de *expertise* exclusivo ou conhecimento da empresa/setor necessário para desempenhar esta atividade com eficácia. Quanto *expertise* isso exige?

Para atividades realizadas com frequência e que exigem *expertise* especializado, a estratégia de simplificação seria formar um **centro de excelência** (COE, na sigla em inglês). Por exemplo, uma das maneiras que a ConAgra Foods encontrou de simplificar sua estrutura foi criar um COE para propaganda – uma função essencial para uma empresa de bens de consumo embalados. Antes, cada equipe de marca desenvolvia sua própria estratégia de propaganda e, depois, trabalhava com agências de publicidade para converter a estratégia em anúncios de TV, material impresso ou propagandas interativas. Com tantas pessoas envolvidas, o processo geral foi não apenas dispendioso, mas também inconsistente em termos de tempo e qualidade. A criação de um COE para propaganda foi uma maneira encontrada pela ConAgra de concentrar em um só lugar o desenvolvimento e o gerenciamento de todo material de publicidade, adotando um processo consistente. Além disso, o desenvolvimento criativo ficou a cargo de pessoas com alto grau de *expertise* e muita experiência. Nessa nova estrutura, as equipes de marcas conseguiram focar suas estratégias de marcas e o COE de propaganda poderia dar continuidade a partir daí. O resultado foi uma redução significativa no número de pessoas nas equipes de marcas e uma redução drástica no tempo de ciclo para conseguir desenvolver e produzir anúncios.

Para atividades de contexto de alto volume, que não exigem conhecimento específico do setor, é provável que o **centro de atendimento** seja suficiente. Tarefas típicas classificadas nesta categoria incluem transações contábeis (processamento de folhas de pagamento, contas a pagar, contas a receber, relatórios de pessoas jurídicas), transações de RH (administração de benefícios, gerenciamento de informações da empresa e dos funcionários), suporte de vendas e *marketing*, suporte técnico da tecnologia de informação e outros tipos de processamento de apoio administrativo. A consolidação dessas tarefas nas centrais de atendimento permite o gerenciamento de grandes volumes de dados em níveis de atendimento acordados previamente, com maior eficácia e de forma mais simples.

A maioria das empresas passa a adotar centros de atendimento de forma gradativa. Primeiro, elas identificam as funções ou tarefas que estão sendo realizadas em diferentes lugares e que podem ser consolidadas. Elas avaliam se essas tarefas de fato precisam ser executadas (indagando: "Precisamos realmente deste relatório?" e fazendo perguntas semelhantes) e, em caso positivo, se as tarefas oferecem oportunidades imediatas para simplificação e otimização. Às vezes, essas oportunidades imediatas são expressivas. Quando o conglomerado A.P. Moller-Maersk começou a pensar em como poderia simplificar seus relatórios financeiros, ele precisou se concentrar na proliferação de pessoas jurídicas que foram criadas por tantos anos. A consolidação de pessoas jurídicas eliminaria grande parte dos relatórios de uma só vez. O CEO Nils Andersen e o CFO Soren Thorup Sorenson estabeleceram forças de tarefas interfuncionais, reduzindo centenas de "cadeiras" do Conselho de Administração no ano seguinte.

Quando ocorre uma limpeza em atividades de contexto de alto volume, um único gerente pode ficar responsável por aglutiná-las, executando-as da mesma forma e, por fim, realizando-as no mesmo local a um custo menor. Com o tempo, esse gerente pode fomentar um maior aprimoramento através da automação e reformulação de processos. Basicamente, se isso fizer sentido em termos financeiros e a qualidade puder ser mantida, a função ou unidade inteira será deslocada para um local menos caro ou terceirizada para uma empresa que sobreviva dessa atividade, ou seja, em que essa atividade seja essencial e não de contexto.

Quando Patrick O´Sullivan era responsável pelas finanças da no mundo inteiro, ele promoveu uma espécie de evolução na maioria das atividades transacionais e de apoio administrativo na sua área. Em cinco anos, funções como análise de impostos, relatórios financeiros e gerenciamento de caixa, que antes eram realizadas separadamente e com pequenas diferenças em cada unidade de negócios da empresa, foram gradualmente simplificadas, consolidadas e depois terceirizadas para prestadores de serviços na Índia. Essa evolução promoveu a simplificação na empresa inteira, reduzindo variações de processos e múltiplas localidades, além de representar uma economia de centenas de milhões de dólares para a Zurich.

É claro que nem todas as atividades têm um volume suficiente que justifique a consolidação em uma unidade separada. Algo que exija muito *expertise* técnico ou corporativo, mas não seja executado com frequência, será um forte candidato à **consultoria terceirizada**. Em outras palavras, o baixo volume não garante a presença de um *expert* em tempo integral no *staff*; então, quando o serviço é necessário, o melhor que a empresa tem a fazer é contratar uma empresa de fora para realizá-lo. Se o serviço for essencial para os negócios e exigir um conhecimento contínuo da empresa, o prestador de serviços externo poderá ser um parceiro preferencial que desenvolve uma relação com a empresa e um histórico com o tempo. Esse tipo de procedimento é simples e caracteriza muitos dos serviços profissionais prestados a organizações. Ele deve ser reavaliado periodicamente para verificar se o volume ou a necessidade de *expertise* muda, podendo levá-lo a ser enquadrado em uma das outras categorias.

O quarto quadrante da matriz é o mais problemático. Tarefas não essenciais que não exigem altos níveis de *expertise* especializado costumam aparecer em diversos locais ao mesmo tempo, mas sem volume suficiente para garantir um *staff* em tempo integral em um local específico. Muitas tarefas de apoio administrativo tradicionais, como o agendamento de reuniões e o atendimento telefônico, entram nessa categoria. Tarefas profissionais como o preparo de *slides* de apresentações e análises da literatura existente sobre determinado assunto também podem ser incluídas aí. O desafio nesses tipos de tarefas é que elas levam as pessoas a utilizar seu tempo de forma fragmentada, com muitas interrupções, o que complica seu trabalho rotineiro. E, em nível organizacional, a fragmentação significa que a maioria dessas tarefas não são executadas com eficiência. Antes, as empresas lidavam com algumas dessas tarefas criando pools de recursos, ou **agregações**, de digitadores ou de auxiliares de escritório que compartilham tarefas administrativas e equilibram a carga de trabalho. Basicamente, o trabalho de baixo volume era agregado em um mesmo local para que pudesse ser realizado com menos fragmentação e mais eficiência.

Com o advento da tecnologia de comunicação atual, este conceito de agregação de tarefas de baixo volume e com pouco *expertise* pode ser elevado a um patamar totalmente diferente. Jordan Cohen, da Pfizer, um pioneiro nesta área, denomina isso **Escritório do Futuro**. Ele acredita que devemos pensar em tarefas que muitas pessoas desempenham parcialmente e utilizar a tecnologia para habilitar poucas pessoas (que façam parte de uma empresa terceirizada) a se dedicarem integralmente a essas tarefas. O Escritório do Futuro (OOF, na sigla em inglês) de Cohen oferece cinco desses serviços a mais de dez mil gerentes da Pfizer (e o número tende a aumentar): pesquisa secundária, criação de documentos (*slides*, digitação de *flipcharts*, imagens digitais), serviços em planilhas (incluir, analisar e configurar dados), apoio a reuniões (agendamento de compromissos, reserva de salas) e apoio a projetos (tarefas repetíveis). Para cada um desses serviços, Cohen e sua equipe procuram certificar-se de que o trabalho seja suficientemente estruturado e repetível para ser encaminhado a uma pessoa em um local de baixo custo. Um gerente da Pfizer só precisará clicar no ícone "OOF" do *desktop* para enviar o trabalho diretamente à equipe de apoio na Índia ou em qualquer outro lugar, ou conversar com um dos membros da equipe terceirizada se o trabalho exigir explicações. Por exemplo, uma nova diretora de negócios da Pfizer "oofou" (sim, o termo já é usado como verbo) um projeto de pesquisa sobre o mercado de substituto do sangue – um projeto que teria levado meses para ser concluído. A divisão de negócios imobiliários usou o apoio do OOF para atualizar e depois manter em dia os registros detalhados de uso do escritório no mundo inteiro, requerendo centenas de chamadas telefônicas e tarefas de entrada de dados. Até mesmo o escritório do presidente e CEO passou a empregar o OOF como um recurso valioso para otimizar seu trabalho.[4]

Portanto, funções, departamentos e tarefas podem ser consolidados de diversas formas, de acordo com as atividades envolvidas, sua importância para a organização, sua frequência e seu custo. Em geral, a existência de um número menor de unidades ou departamentos (onde as pessoas possam se concentrar mais em atividades essenciais e não se deixar levar por tarefas de contexto) torna uma **organização mais simples**.

Desierarquização

O quarto e último princípio para criar uma estrutura organizacional mais simples é diminuir a quantidade de níveis hierárquicos. Isso costuma exigir o aumento no número de pessoal que se reporta a um gerente, em geral referenciado como **extensão do controle**.

O conceito de extensão do controle foi desenvolvido no início do século XX, quando gerentes tentavam determinar quanto tempo, energia e atenção os supervisores poderiam dedicar aos seus subordinados diretos. Como havia um excesso de subordinados diretos, o supervisor não conseguiria executar um controle adequado. Muitos estudos foram conduzidos, incluindo a análise matemática de padrões de comunicação entre chefe e subordinados. Um estudo verificou, por exemplo, que passar de quatro para cinco subordinados aumentava as interações em potencial de 44 para 100, e que passar de sete para oito gerava um aumento de 490 para 1080.[5] Com o tempo, o número mágico de subordinados, ou seja, o que a maioria dos estudos sugeriram como gerador do nível ideal de interação, atenção e controle, passou de 5 para 7. Alguns estudos sugeriam que, em níveis hierarquicamente inferiores da organização, em que o trabalho é mais rotineiro, seria possível ter extensões de controle um pouco maiores.

É claro que, por trás desse conceito de extensão de controle, existe a suposição de que o trabalho do gerente é controlar os subordinados. E, na organização hierárquica tradicional, isso de fato ocorre. Entretanto, à medida que as organizações se tornam mais orgânicas, sem fronteiras, fluidas e dinâmicas, a tarefa do gerente muda. Não é mais função primordial do gerente agregar trabalhos por tarefas executadas por subordinados e controlar as atividades desses subordinados. Em vez disso, ele deve fomentar o trabalho em equipe e a comunicação, além de ser fonte de inspiração e direção. Resumindo, o foco de atenção deve ser a **liderança** e a **agregação de valor**, e não o **controle**.

Quando gerentes param de tentar exercer controle pessoal sobre os subordinados e buscam agregar valor, o número de subordinados diretos pode aumentar consideravelmente. A GE descobriu isso no início da década de 1990, quando aumentou as extensões de controle em diversos de seus negócios, elevando o tradicional patamar de 5, 6 ou 7 para 10. Na maioria dos casos, os gerentes foram forçados a relaxar o controle, exatamente conforme previsto as teorias de extensão de controle. Eles não dispunham mais de tempo durante o dia para verificar o que todos estavam fazendo. Mas, agora, a perda de controle era uma vantagem; quando eles precisaram dotar seus subordinados de mais autonomia, os gerentes começaram a se concentrar em como agregar valor de outras formas – através de desenvolvimento de estratégias, maior contato com o cliente, aprimoramento de processos e *coaching* (orientação).

Quando as extensões de controle aumentam, o número de camadas ou níveis hierárquicos pode diminuir. Por exemplo, em vez de um gerente com cinco subordinados (cada qual com mais três subordinados), se a camada intermediária for eliminada, o gerente ficará com quinze subordinados. Isso não apenas reduz consideravelmente os custos, pois o número de gerentes diminui, mas também simplifica o fluxo de ideias e informações na organização inteira. Com muitas camadas, a comunicação do nível hierárquico superior da organização com os níveis inferiores é como a brincadeira de telefone sem fio na vida real: as mensagens são distorcidas e modificadas ao serem transmitidas de uma pessoa para a outra. No percurso inverso, a situação é ainda pior: ideias e informações não chegam às camadas superiores com tanta rapidez e facilidade. Em cada nível, gerentes bem-intencionados querem "massagear" os dados, fazer novas perguntas, dar seu palpite sobre uma ideia ou evitar que uma mensagem chegue a níveis mais altos da hierarquia. Às vezes, isso é o mais apropriado, mas, em geral, resulta em comunicações complexas, enroladas e até mesmo obstruídas em uma organização.

Por exemplo, quando Jeff Kindler se tornou CEO da Pfizer, em 2006, ele descobriu que quatorze camadas de gerenciamento o separavam das "tropas do fronte" em várias partes da empresa e que essas camadas estavam inibindo ou detendo informações críticas e sobrecarregando a Pfizer com custos extras. Em um caso, o gerente de vendas de um dos maiores clientes da Pfizer precisava se reportar através de um gerente distrital, de um gerente regional, de um gerente de área, de um gerente de operações de vendas, de um gerente de vendas sênior e de um alto gerente de vendas para transmitir o que estava ocorrendo com esse cliente. Da mesma forma, na P&D, a força vital da empresa, cientistas se reportavam através de várias camadas de gerenciamento antes de chegar a um executivo. Para simplificar a comunicação e ajudar a empresa a se tornar menos dispendiosa e mais ágil, Kindler e a chefe de RH, Mary McLeod, solicitaram que todos os gerentes sênior desierarquizassem suas organizações de forma que restassem até no máximo dez camadas separando o CEO da linha de frente e, preferencialmente, no máximo oito. Martin Mackay, presidente da organização P&D da Pfizer, fez algo melhor: reduziu as camadas de gerenciamento entre cientistas e altos executivos a **sete**.[6]

TI da GlaxoSmithKline: vale a pena simplificar a estrutura

Quando Ford Calhoun se tornou diretor de informações (CIO – *chief information officer*) da GlaxoSmithKline (**GSK**) Pharmaceuticals, em 2001, ele herdou uma organização que precisava com urgência de simplificação. A empresa acabara de realizar uma fusão (Glaxo Wellcome com SmithKline Beecham) e a TI (tecnologia de informação) tinha vários departamentos redundantes e independentes ao redor do mundo. Os custos eram altos, os padrões de serviços para clientes internos eram inconsistentes, e as tarefas costumavam levar muito tempo para serem concluídas. Somado a isso, a função de TI não era vista como um capacitador, um vetor ou um fator-chave para tornar a empresa mais competitiva e bem-sucedida; essa função era encarada como um custo necessário para fazer negócios.

Calhoun aceitou o desafio de mudar tudo isso e transformar a TI em uma **vantagem competitiva** para a GSK. Nesse sentido, a simplificação era um elemento fundamental de sua estratégia. Seu ponto de partida foi o projeto de uma única estrutura organizacional integrada para as cinco mil pessoas da função de TI na nova empresa. Antes da fusão, as duas empresas sofreram muito com a mitose estrutural. Alguns negócios tinham seus próprios departamentos de TI e outros obtinham serviços de uma unidade corporativa.

O ditame estratégico da nova organização de TI era reduzir custos e melhorar os níveis básicos de serviços de TI. E a intenção de Calhoun era criar uma estrutura alinhada com essa estratégia. Para conseguir isso, Calhoun criou a organização de TI em três partes representada na Figura 2-2: unidades de apoio dedicadas às necessidades exclusiva de cada negócio ou função essencial; um grupo de infraestrutura corporativa para atender às necessidades de computação genérica de acordo com uma escala e padronização; e diversas funções de *staff*. E as doze áreas se reportavam diretamente a Calhoun, embora as unidades de apoio de TI dedicadas também se reportassem em nível de linha tracejada aos clientes de seus negócios. (Observe que, como a figura foi gerada por um *software* de criação de organogramas, ela não reflete a estrutura real. Das três caixas na segunda linha, apenas a caixa do meio possui um diretor. As outras duas simplesmente definem categorias de unidades que se reportam diretamente a Calhoun.)

FIGURA 2.2

Organização de TI da GlaxoSmithKline

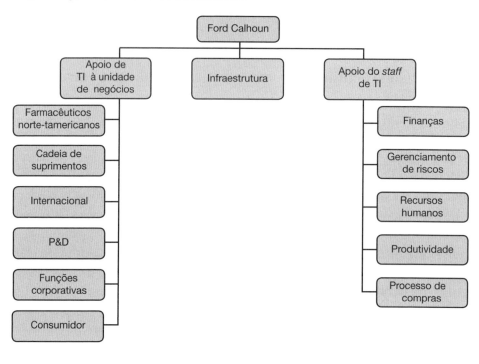

Enquanto a estrutura de alto nível era cristalizada, pessoas eram nomeadas para chefiar diversas unidades a fim de evitar que, com o tempo, a função caísse na armadilha da acomodação. Critérios rigorosos foram usados na seleção. Simultaneamente, buscava-se mesclar pessoal da Glaxo Wellcome e da SmithKline Beecham, formando uma equipe de gerenciamento diversificada. Nem todas as decisões resultantes se mostraram acertadas, mas criaram-se expectativas de que o desempenho seria a alavanca fundamental. Dessa forma, deu-se continuidade à classificação dos gerentes nos primeiros níveis hierárquicos por mais um ano, pois ficou claro quem poderia assumir mais responsabilidades e quem estava relutante.

Outro elemento da nova organização de TI simplificada foi a redução consciente de camadas. Calhoun acreditava que camadas adicionais só serviam para agregar custo e ocultar a responsabilidade, tornando ainda mais difícil a conclusão de tarefas em tempo hábil. Foi então que Calhoun idealizou uma organização com doze subordinados diretos com responsabilidades claras e focadas. Ele esperava que os gerentes também tivessem grandes extensões de controle e no máximo quatro camadas abaixo deles. Para colocar esse conceito em prática com disciplina, Calhoun criou um instrumento denominado Lindex (índice de camadas). A cada trimestre, ele se reunia com seus gerentes para analisá-lo.

A que deu origem ao Lindex foi um artigo que Calhoun leu sobre a estrutura organizacional do serviço público canadense.[7] Calhoun adaptou a fórmula desse artigo para avaliar a integridade funcional (com base na extensão média de redes de comunicação de camadas superiores para inferiores em uma hierarquia) para permitir que os gerentes calculassem sua própria pontuação no Lindex. Assim, Calhoun obteve um rápido instantâneo das organizações; seus gerentes precisavam estar preparados para discuti-lo. Inicialmente, as sessões resultantes foram um pouco difíceis e incômodas, mas, no final, os gerentes aprenderam como utilizar o Lindex e a lógica subjacente, a gerenciar as evoluções inevitáveis em suas organizações sem acrescentar níveis hierárquicos desnecessários.

A estrutura organizacional mais simples criada por Calhoun para a GSK permitiu-lhe atingir e manter uma boa margem de economia de custos. Em 2003, dois anos após a fusão, a função de TI já havia conseguido uma redução superior a US$100 milhões nos custos fixos e tinha seiscentas pessoas a menos. Vale destacar que essa organização menor e mais simples oferecia uma gama bem maior de serviços mais aprimorados. Na época da fusão, em 2001, o tempo médio de ciclo de projetos de aplicativos de negócios (desde a aprovação até a oferta de benefícios) era superior a cem semanas e muitos projetos não conseguiam oferecer benefícios de negócios mensuráveis. Em 2003, os tempos de ciclo chegaram a uma média de vinte e nove semanas e o retorno calculado sobre o investimento em projetos de TI dobrou. Além disso, Calhoun e sua equipe lançaram vários programas novos estratégicos em áreas de serviço de infraestrutura, webização, planejamento de recursos corporativos e ferramentas de colaboração.

Nos anos seguintes, Calhoun manteve a mesma estrutura básica, mas continuou a buscar oportunidades de simplificá-la e aumentar os benefícios de negócios ainda mais. Por exemplo, uma das atividades descentralizadas da TI era a manutenção de aplicativos. Como as organizações em geral têm diversos aplicativos de negócios, e com versões distintas, essa atividade pode ser muito cara e pode afetar muitas pessoas – usuários, desenvolvedores, gerentes de centrais de dados que precisam executar os aplicativos, o pessoal de finanças que controla as licenças de *software*, o *staff* de assistência técnica que trabalha com problemas relativos aos aplicativos, gerentes de risco que desenvolvem contingências em caso de falhas em aplicativos, entre outros. Em vez de continuar adotando esta abordagem fragmentada, Calhoun começou a desenvolver uma central de atendimento para aplicativos dentro da organização de infraestrutura, encarregada de simplificar o processo e reduzir custos. O gerente desta unidade fez o inventário dos principais aplicativos e começou a eliminar aqueles que se mostravam redundantes ou mesmo desnecessários. Ele desenvolveu padrões para os novos aplicativos para certificar-se de sua compatibilidade com a infraestrutura. Ele também desenvolveu processos para gerenciar aplicativos com maior eficácia. Isso resultou em uma maior redução de custos e, consequentemente, em menos problemas com aplicativos em geral.

Além de criar novas unidades para consolidar e simplificar atividades, Calhoun buscou oportunidades de eliminar unidades ou deslocá-las para localidades de menor custo. Isso levou à realização de atividades fora do país ou à terceirização de funções, tais como a assistência técnica e o desenvolvimento de aplicativos. No final de 2006, cinco anos depois da fusão entre a Glaxo Wellcome e a SmithKline Beecham, a função de TI já contribuía com US$1 bilhão anual para a eficácia operacional da nova empresa.

A simplicidade é viável

Conforme ilustrado pelo exemplo da GSK, não é fácil opor-se à mitose estrutural e vencê-la de uma só vez. Trata-se de um processo contínuo, iterativo. As condições de competição mudam, surgem tecnologias e oportunidades novas, pessoas entram e saem da empresa, e organizações estão constantemente em algum grau de fluxo. Para conseguir implantar a simplicidade, gerentes precisam se indagar sempre sobre as três armadilhas da complexidade citadas neste capítulo: Até que ponto nossa estrutura está alinhada com nossa estratégia? Até que ponto as habilidades de nossos gerentes coincidem com a estrutura que criamos? Será que a nossa estrutura é orgânica e flexível o suficiente para adaptar-se conforme a necessidade?

Se suas respostas a essas perguntas tendem a ser **negativas**, talvez seja aconselhável verificar novamente as diretrizes para simplificar ao máximo a estrutura:

- Saiba distinguir essência de contexto.
- Adote a perspectiva do cliente.
- Consolide funções e tarefas semelhantes.
- Corte camadas e aumente a extensão do controle.

Este é um desafio e tanto. Ninguém está disposto a constantemente reorganizar e criar rupturas, potencialmente fomentando ainda mais complexidade. Entretanto, manter a organização estática enquanto o mundo ao seu redor muda em geral é um atestado de fracasso. A longo prazo, convém fazer mudanças periódicas, em vez de aguardar até que a complexidade paralise sua organização e chegue a ponto de forçá-lo a provocar uma reviravolta na empresa.

CAPÍTULO 3

Reduzindo a proliferação de produtos

O QUE VOCÊ FARIA SE SEUS **produtos estivessem** inibindo, e não impulsionando, o seu crescimento? Paul van de Geijn se deparou com situação semelhante ao assumir os negócios de seguro de vida global da Zurich Financial Services, em 2003. Na época, os negócios envolvendo seguro de vida na Zurich geravam US$ 20 bilhões em prêmios subscritos brutos e eram uma linha de negócios básica no mundo inteiro. Entretanto, a taxa de crescimento girava em torno de 1% e cada vez mais concorrentes abarrotavam o setor. Somado a isso, as vendas na Zurich ocorriam em sua maioria através de distribuidores (representantes), muitos dos quais também vendiam produtos de outras empresas. Então, a menos que os produtos da Zurich Global Life Insurance fossem mais atrativos do que os dos concorrentes, os distribuidores não dariam prioridade à Zurich, o que reduziria ainda mais a taxa de crescimento.

À medida que Van de Geijn e sua equipe buscavam formas de estimular o crescimento, eles percebiam que um dos segredos do sucesso era tornar mais fácil, tanto para clientes quanto para distribuidores, fazer negócios com a Zurich. Como o setor como um todo não estava na melhor fase, esta era uma boa oportunidade para realmente superar a concorrência. Historicamente, a Zurich, como a maioria das outras seguradoras, se concentrava na adição de novos produtos ou de novos retoques a produtos antigos e, depois, se voltava para produtos novos e modificados para seguradores e gerentes de risco que, supostamente, deveriam certificar-se de que somente os clientes certos comprassem os produtos. Como resultado, os próprios produtos se tornaram complexos demais, dificultando a tarefa dos distribuidores, que precisavam fornecer uma justificativa. Além disso, o processo de aplicação e qualificação se tornou extremamente rigoroso e demorado, excluindo não apenas os clientes errados, mas também muitos clientes bons em potencial.

Portanto, ficou cada vez mais difícil para clientes e distribuidores negociar com a Zurich. Uma equipe liderada por Christian Merk descobriu situações como:

- Os benefícios do seguro de vida eram explicados em panfletos complexos que também especificavam os benefícios e as características técnicas dos produtos financeiros que não eram de fácil compreensão por clientes e distribuidores.

- Os aplicativos para seguro de vida exigiam que clientes fornecessem o mesmo tipo de informação mais de uma vez, como, por exemplo, idade e (duas perguntas depois) data de nascimento.

- Na Itália, os distribuidores precisavam usar dezoito formulários de aplicativos diferentes e eram orientados a solicitar oito assinaturas de cada cliente.

- Quando as apólices venciam, os clientes recebiam cartas impessoais e técnicas, sem sugestões concretas nem conselhos sobre como renovar sua cobertura ou reinvestir seu capital. O que chamava mais atenção era o fato de ninguém ligar para os clientes com antecedência para alertá-los sobre a proximidade da data de vencimento de suas apólices.

- Quando clientes cancelavam suas apólices, ninguém pedia detalhes ou explicações, nem oferecia alternativas. O cancelamento (e o cliente perdido) era simplesmente aceito e processado – e o cliente caía no esquecimento.

- O processo do aplicativo em si levou em torno de seis semanas. Nesse meio tempo, vários clientes em potencial resolveram desistir.

- As extensas *lead lists* (listas de clientes pontenciais) enviadas aos distribuidores eram elaboradas sem referência a critérios de qualificação. Como resultado, na maioria dos países, eram necessárias pelo menos cem ligações a clientes para vender um produto a mais.

Verificando esses *insights* e outros semelhantes, Van de Geijn e sua equipe desenvolveram um esforço conjunto de simplificação que ficou conhecido como "Simplifique a vida" (*Make Life EaZy*, com o Z maiúsculo de Zurich), conduzido por Christian Merk. Essa iniciativa foi lançada no *workshop* internacional em Barcelona para a alta gerência operacional da Zurich Global Life de quinze países europeus. Como exercício inicial, eles tinham cinco minutos para preencher o formulário de inscrição do seu próprio país referente ao tipo mais simples de seguro de vida. Quando ninguém conseguia terminar de preencher o formulário no tempo estipulado, os gerentes de Van de Geijn começavam a perceber que tinham em mãos uma grande oportunidade – e um desafio.

Para encarar o desafio, Merk reuniu uma equipe de consultores do *Make Life EaZy* que percorreram vários países para facilitar projetos de simplificação, relatar práticas recomendadas e avaliar o progresso.[1] Sua tarefa também era identificar e treinar membros do *staff* local como *Desafiadores EaZy* que envolveriam clientes, distribuidores e empregados em seus países para identificar oportunidades de simplificar produtos e serviços (para simplificar os negócios de seguro de vida). Se as ideias fossem aplicáveis apenas àqueles países, elas seriam implementadas lá; se elas se aplicassem a linhas inteiras de produtos ou ofertas de serviços, seriam submetidas a uma equipe da sede para análise e possível implementação em diversos países e acabariam sendo colocadas em um banco de dados de melhores práticas compartilhado e alavancadas pela Europa. No primeiro ano, oito países participaram. Nos anos seguintes, outros países aderiram. O esforço gerou mudanças, tais como:

- **Ficou mais fácil para os distribuidores vender** - As vendas aumentaram em 7% após as histórias reais de clientes terem substituído folhetos técnicos, orientados a produtos. Nessas histórias, os clientes relatam por que precisaram de seguro de vida e a satisfação com suas escolhas. Além disso, os distribuidores receberam vídeos e outros materiais visualmente atrativos e de fácil compreensão para facilitar as vendas.

- **Ficou mais fácil para os clientes reinvestir** - A taxa de reinvestimento (comprar novos produtos quando os antigos vencem) aumentou de 14% para 38% quando as cartas de renovação impessoais foram descartadas. A Zurich criou novas cartas em uma linguagem simples, mostrando os resultados do produto original e sugerindo diversas oportunidades de reinvestimento.

- **Ficou mais fácil solicitar seguros** - O número de formulários de solicitação em países europeus foi reduzido de dezoito para quatro através da combinação de formulários de solicitação com base em órgãos reguladores responsáveis. Ao mesmo tempo, o número de assinaturas exigidas nesses formulários foi reduzido de oito para três, e 50% das perguntas foram eliminadas.

- **Ficou mais fácil reter clientes** - Na Alemanha, a taxa de retenção de clientes que estavam prestes a cancelar suas apólices subiu de 2% para 33% depois que a Zurich criou uma central de vendas por telefone dedicada para conversar com clientes cujas apólices estavam vencendo. O pessoal de vendas foi treinado e passou a compreender os motivos comuns do cancelamento de apólices e como discutir alternativas que poderiam ser úteis para os clientes.

Cinco anos após a adoção de *Make Life EaZy*, a taxa de crescimento do negócio de seguro de vida europeu da Zurich era de 7%. O novo diretor do negócio de seguro de vida global, Mario Greco, tornou o programa parte integrante de seu processo de gerenciamento no mundo inteiro.

Como produtos e serviços involuntariamente intensificam a complexidade

O caso da Zurich Global Life ilustra bem como a complexidade de produtos e serviços pode aumentar gradativamente em uma organização de diversas formas, inclusive em relação à quantidade de produtos, seu projeto e a maneira como são vendidos e oferecidos. Em geral, essa fonte de complexidade se desenvolve com o tempo, pois os gerentes buscam conquistar e reter clientes, além de diferenciar-se da concorrência mudando a natureza dos seus produtos. É exatamente isso que se espera de líderes de negócios. A certa altura, contudo, o acúmulo dessas mudanças referentes a produtos se torna confusa demais ou eleva tanto o custo total de produção que se torna uma desvantagem competitiva. Por exemplo, o acréscimo de mais recursos ao produto básico de seguro de vida da Zurich levou a mudanças no formulário de solicitação, no processo de contratação de seguros, nos folhetos e na oferta da apólice com o passar do tempo. Também se tornou mais difícil para distribuidores explicarem o produto e para clientes compreenderem o mesmo. Em termos competitivos, todas as mudanças em si foram acertadas, mas o exagero na dose de **"fazer a coisa certa"** acabou gerando tanta complexidade que a empresa começou a afundar sob o próprio peso.

Esta dinâmica está presente não apenas em empresas com fins lucrativos, mas também em ONGs (organizações não governamentais) e organizações do setor público. Os governos criam órgãos e depois lhes conferem atributos, missões, regulamentações e regras adicionais sobre como os órgãos prestam serviços, os quais são interpretados por pessoas que estão tentando agregar valor (no melhor dos casos) ou justificar seu trabalho (no pior dos casos). Seja qual for a motivação, o resultado invariavelmente é a proliferação de serviços e procedimentos correspondentes que fazem pouco sentido para cidadãos, além de serem dispendiosos e burocráticos. Por exemplo, durante a administração de Bill Clinton, o vice-presidente Al Gore iniciou um movimento chamado "reinventando o governo", cujo foco era a simplificação de serviços em nível federal e que resultou em bilhões de dólares em economia orçamentária. Houve esforços semelhantes em muitos governos estaduais e em órgãos multilaterais como a ONU (Organização das Nações Unidas) e o Banco Mundial. Entretanto, a menos que essas iniciativas sejam constantemente renovadas e revigoradas, as forças usuais de proliferação de produtos e serviços continuarão a agregar custo e complexidade. É por isso que a simplificação de governos ou órgãos é um tema recorrente em quase todas as eleições ou indicações para um cargo de chefia.

A complexidade de produtos ou serviços em geral resulta de uma ou mais destas quatro causas:

- **Complexidade do volume** - Aumentar ainda mais a oferta de produtos e serviços, e acrescentar recursos aos produtos ou serviços existentes.

- **Complexidade do apoio** - Transmitir aos clientes instruções pouco claras sobre como utilizar os produtos e obter ajuda quando necessário.

- **Complexidade do sistema** - A incapacidade de integrar produtos e serviços com as ofertas de outras empresas no contexto dos negócios do cliente.

- **Complexidade do projeto** - Incluir um excesso de itens adicionais nas novas ofertas de produtos e serviços, sem considerar a perspectiva do cliente.

Complexidade do volume: tudo em excesso faz mal

Todos sabem o que acontece quando crianças entram em uma loja de balas e doces: tudo parece tão gostoso que elas ficam tentadas a comprar demais. Quando isso ocorre, elas acabam com dor de barriga ou torram o dinheiro dos pais, ou as duas coisas. Em qualquer idade, é fácil dizer que é bom ser seletivo e escolher apenas um ou dois doces, mas o duro é resistir à tentação. No gerenciamento do portfólio de produtos da sua organização, você enfrenta um desafio semelhante. É difícil ser seletivo e optar entre alternativas que parecem ser boas. Como resultado, muitas organizações caem na armadilha de tentar gerenciar um excesso de produtos e serviços.

Cada produto ou serviço que uma empresa oferece precisa ser idealizado, produzido, lançado no mercado, vendido, financiado e apoiado de alguma forma. Cada produto ou serviço novo ou modificado gera uma cascata de trabalho e despesas adicionais nessas áreas, até mesmo quando a alteração é relativamente pequena. Por exemplo, a mudança na embalagem de um produto de consumo, mesmo que não modifique o produto em si, exige: novas especificações de engenharia; aquisição de material; etiquetagem; procedimentos de produção; padrões de agendamento, embalagem e remessa; análise e acompanhamento financeiro; divulgação; precificação; comunicação e treinamento da força de vendas; procedimentos de atendimento ao cliente e muito mais. É trabalho que não acaba mais - trabalho esse que, na maioria das empresas, é multiplicado diversas vezes, pois novos produtos e variações dos mesmos são apresentados a todo instante.

O que leva esta dinâmica a gerar ainda mais complexidade é o fato de a maioria das organizações adicionar novos produtos e variações de produtos a um ritmo que supera a eliminação de produtos obsoletos (ou antigos). Quando um produto ou serviço está no mercado e consumidores continuam adquirindo-o, fica difícil deixar de comercializá-lo. Foi feita uma promessa tácita aos consumidores, promessa essa que não pode ser facilmente quebrada. Adicionalmente, continuam sendo geradas receita e clientela, que são usadas para financiar a continuidade das operações da organização – e a maioria dos gerentes relutam em desligar essa torneira em troca dos fluxos de receita incertos e não testados que serão fruto dos novos produtos. Como resultado, os produtos e as variações dos produtos oferecidos pelas empresas continuam a proliferar. Isso significa que a organização está gerenciando não apenas um fluxo constante de novos produtos e serviços lançados no mercado, mas também uma base crescente de produtos e serviços existentes. Essa é a essência da **complexidade do volume**.

O verdadeiro desafio da complexidade do volume, contudo, nos remete de novo à analogia das "crianças na loja de balas e doces" – ele envolve escolhas que nem sempre são racionais ou fáceis. Por exemplo, por um lado, gerentes são orientados a serem empreendedores e criativos e a ficarem atentos ao mercado, ou seja, fomentar o crescimento buscando sempre novas formas de agradar os clientes. Muitas empresas de fato criam incentivos para ideias de produtos novos e definem metas para gerar um certo volume de receita com novos produtos. Por outro lado, gerentes também são orientados a aumentar o volume de vendas de produtos e serviços existentes, alavancar a base de produtos e despesas existentes, bem como criar a marca e a imagem das ofertas atuais. Portanto, gerentes e funcionários (e clientes) naturalmente desenvolvem uma relação afetiva com os produtos existentes.

Com estas duas orientações em mente, a maioria das empresas evita fazer escolhas. Elas mantêm os produtos e serviços existentes e, ao mesmo tempo, acrescentam novos itens. Essa evolução acaba ficando cara e complexa demais e, portanto, difícil de ser sustentada. Por exemplo, em 2008, o CEO da Ford, Alan Mulally, anunciou um esforço ambicioso de simplificação de produtos, definindo uma meta de reduzir em 40% o número de "plataformas" de carros no mundo inteiro nos três anos seguintes. Isso aumentaria a padronização da engenharia, possibilitaria uma grande economia em compras e tornaria a empresa inteira menos complexa e cara - uma economia de bilhões de dólares. O mais interessante sobre essa comunicação, contudo, é que os antecessores de Mulally na Ford haviam anunciado iniciativas semelhantes no passado – a mais significativa delas foi a criação do que ficou conhecido como **"carro mundial"** da Ford. Embora fazendo uso de palavras diferentes, esta iniciativa anterior também tentou reduzir drasticamente a engenharia de produtos e variações de produção no mundo inteiro. Infelizmente, apesar das boas intenções, o gerenciamento anterior da Ford não conseguiu fazer as escolhas difíceis exigidas pela iniciativa **"carro mundial"**, o que forçou Mulally como o próximo CEO a fazer uma nova tentativa.

Complexidade do apoio: como ela deve funcionar?

Alguma vez você comprou um produto que incluía a frase **"exige montagem"**? Então, provavelmente compreende a fonte de complexidade que pode ser criada pelo apoio ao produto ou serviço. Sejam eles de alta ou de baixa tecnologia, a maioria dos produtos e serviços exigem instruções ou treinamento para clientes sobre como montar as peças de um produto, como começar a usar um produto, como tirar o máximo proveito de um produto e como obter ajuda quando algo não funciona ou as instruções não são claras. Quando este envelope de apoio é simples (como ocorre em eletrodomésticos *plug-and-play* [ligue e use]), ele pode ser uma vantagem competitiva. Quando o apoio não é claro ou é complexo demais (por exemplo, quando um cliente procura em uma pilha de peças que não encaixam uma na outra), a complexidade do apoio pode desprover de valor até mesmo os melhores produtos.

Vale lembrar que produtos precisam ser compreendidos e usados de maneira adequada para propiciar os benefícios desejados. Há pouco tempo, comprei um barbeador elétrico que parecia ser fácil de utilizar. Após carregar a bateria (conforme indicado no manual de instruções), utilizei o barbeador algumas vezes e estava bem satisfeito. Verifiquei no manual de instruções se o barbeador podia ser usado com diferentes voltagens e levei-o em uma viagem à Europa. Ele pifou logo na primeira tentativa. Perplexo (e aborrecido) com este desfecho, li cuidadosamente o manual de instruções para tentar compreender o que aconteceu. Descobri que o mesmo livreto de instruções foi usado para vários modelos distintos, alguns configurados para voltagem universal e outros não. (Coincidiu de justamente o meu modelo não ser *bivolt*.) As instruções se referiam aos três números de modelos, que se distinguiam por uma letra.

Aparentemente, essa numeração constava na embalagem original, mas não no próprio barbeador. Sob a perspectiva da empresa, o uso do mesmo manual de instruções para diferentes modelos do mesmo produto provavelmente representou uma economia. Mas, sem querer, isso complicou a vida do usuário final. O desafio das organizações é pensar em como simplificar o contexto mais amplo de seus produtos e serviços, além da própria oferta. Isso inclui a aplicação, as instruções de uso e a contínua assistência.

Há alguns anos, quando Roger Servison era diretor de *marketing* de varejo da Fidelity Investments, ele liderou um esforço de simplificar o contexto dos produtos de fundo mútuo como forma de aumentar a fatia do mercado de investimento. A estratégia anterior de crescimento era adicionar continuamente fundos com estratégias de investimento diversificadas que atrairiam diferentes classes de consumidores. Porém, cada fundo mútuo era tratado como um produto separado e distinto, com sua própria aplicação, demonstração, agenda de discussão e mecanismos de apoio. A complexidade desses processos de suporte não era apenas custosa; pesquisas de mercado apontavam que ela estava de fato inibindo o crescimento. Clientes que desejavam mais de um produto eram solicitados a submeter as mesmas informações repetidamente. Depois, eles recebiam centenas de informações sobre diferentes fundos.

Para combater essa complexidade e melhorar a participação da Fidelity em termos de carteira de clientes, Servison colaborou com outras partes da organização de varejo para patrocinar projetos que criavam uma única aplicação. A aplicação tinha o suporte de uma declaração consolidada, usava correspondências (ou mensagens eletrônicas) coordenadas e simplificadas de prospectos e folhetos, e oferecia atendimento ao cliente mais integrado (fundo cruzado). Apesar de ter levado muitos anos para todas essas mudanças se tornarem uma realidade, elas acabaram se tornando uma prática padrão no setor de fundo mútuo, além de terem impulsionado um período de rápido crescimento para a Fidelity. Nenhum produto foi modificado, mas o contexto mais simples de oferta e apoio aos produtos fez toda a diferença.[2]

Complexidade do sistema: aglutinando produtos

Muitos anos atrás, gerentes do negócio GE Healthcare ficaram perplexos com o baixo nível de satisfação dos clientes, que não coincidiam com as medidas internas. Sob a perspectiva dos gerentes, produtos como *scanners* de tomografia computadorizada, aparelhos de imagens por ressonância magnética e outros tipos de equipamentos de imagiologia clínica estavam sendo entregues no prazo.

Mas os clientes diziam que não conseguiam colocar os equipamentos logo em operação. **O que estava acontecendo?**

Quando os responsáveis por detectar e solucionar problemas da GE fizeram um raio X do problema, por assim dizer, descobriram que seus equipamentos de fato eram entregues dentro do prazo, mas diversos dos componentes necessários para sua operação não eram providenciados a tempo. Em outras palavras, conseguir instalar o produto da GE em um centro médico era apenas uma parte do sistema geral. O restante do sistema - a construção da sala, a fiação, cadeiras e mesas, luzes e suprimentos - também precisava estar pronto. Caso contrário, o produto da GE não teria a serventia esperada. Seguindo esse raciocínio, a GE Healthcare trabalhou junto com os fornecedores dos outros componentes para que pudessem entregar um sistema funcional e não uma série de produtos que o cliente precisaria quebrar a cabeça para juntar as peças.

A complexidade do sistema é mensurada pelo nível de integração necessário entre os seus produtos e serviços e aqueles de outros fornecedores visando agregar valor para um cliente. Obviamente, alguns produtos ou serviços são independentes e não precisam de outros produtos para funcionar. Mas muitos deles são componentes que precisam ser combinados ou usados com outros de alguma forma. E as organizações precisam prestar atenção à complexidade que isso pode gerar. Por exemplo, a Cisco Systems é o principal fornecedor de roteadores, *switches* (comutadores) e outros equipamentos usados por organizações para executar sistemas de informações de dados, voz e vídeo internos e externos. Como a Cisco é uma empresa de tecnologia, ela saiu na dianteira em termos de desenvolvimento de novas características e recursos que consumidores podem usar para aumentar a velocidade e a confiabilidade de seus sistemas. O problema é que os equipamentos da Cisco precisam estar integrados com a rede personalizada de cada cliente, inclusive com os equipamentos de muitos fornecedores. Portanto, toda vez que a Cisco inclui um novo item ou faz uma modificação, mesmo que seja por um bom motivo, isso pode sem querer interferir no funcionamento da rede como um todo.

Como a Cisco está mais consciente deste desafio, seus engenheiros ficam atentos não apenas ao aprimoramento dos seus próprios produtos, mas também à integração de seus produtos aos dos outros fornecedores. Por exemplo, a Cisco criou laboratórios onde pode simular uma rede de consumidores e depois testar o impacto de novos equipamentos e recursos sobre essa rede. Embora isso não seja perfeito nem aplicável a todas as situações, já é um grande passo para reduzir a complexidade do sistema para os consumidores.

Complexidade do projeto: desenvolvimento de dentro para fora

A maioria das pessoas concorda que o *iPod* (como o *iPhone* e o *iPad* agora) da Apple é, sem a menor dúvida, um ícone dos eletrônicos de consumo e a essência da revolução de multimídia em telecomunicações, música, vídeo, fotografia, educação e estilo de vida. Mas o que chama a atenção sobre o *iPod* não é sua crescente funcionalidade nem seu impacto, mas sim como seu sucesso deriva da **simplicidade** do seu projeto. Um autor comentou: "Justamente no momento em que o mundo de dispositivos se tornava complexo demais, o *iPod* surgiu, oferecendo a **serenidade da simplicidade**."[3] Você não precisa apertar botões ou lidar com instruções complicadas; ele cabe na mão ou no bolso; ele permite ao usuário controlar seu conteúdo e recursos; e funciona perfeitamente com outros dispositivos.

A complexidade do projeto gera o oposto do *iPod*, ou seja, produtos que são projetados segundo a perspectiva da engenharia, e não do usuário final, e isso muitas vezes dificulta o seu uso. Todos nós já passamos por esse tipo de problema: telefones com recursos que não conseguimos decifrar nem utilizar; videocassetes que não conseguimos programar; automóveis com botões e interruptores que não conseguimos encontrar com facilidade.

Mas a complexidade do projeto não está presente apenas em produtos de consumo ou eletrônicos; ela também se aplica a produtos e serviços negócio a negócio. Por exemplo, o produto *Simple Start* da Intuit (um pacote de *software* de contabilidade básico) vendeu 100.000 unidades no primeiro ano em que foi comercializado. O *Simple Start* começou como uma versão do produto de contabilidade essencial da empresa com menos recursos. Mesmo assim, os consumidores encontraram dificuldade em utilizar o *software* e o excesso de jargão de contabilidade. Então, a equipe de produtos da Intuit se reuniu e decidiu adotar a perspectiva do proprietário do pequeno negócio. A autora de livros de negócios Linda Tischler comenta: "As contas a receber se tornaram 'dinheiro que entra' e as contas a pagar se tornaram 'dinheiro que sai'. As 125 telas de configuração existentes foram reduzidas a três e as 20 tarefas principais agora são seis essenciais. Eles passaram dias refletindo sobre o pacote, pois sabiam que, para este público, algo rotulado 'Contabilidade Simples' era um oximoro."[4] Em outras palavras, a Intuit projetou o produto pensando de fora para dentro, criando algo de simples utilização pelo consumidor, em vez de criar algo que fosse simples segundo sua própria visão.

Em geral, as organizações encontram dificuldade em superar a complexidade de projetos, por diversos motivos. Primeiro, a força vital da maioria das empresas é a **inovação** – novos produtos ou serviços. Portanto, as pessoas em uma empresa costumam receber incentivo para apostar em recursos melhores, independentemente de os consumidores realmente desejarem ou não adquirir algo novo. Segundo, engenheiros, tecnólogos e outros *designers* de produtos são *experts* que costumam ficar vidrados por suas próprias criações e pela elegância de seus projetos. Assim, eles têm dificuldade em comprometer essa elegância em nome dos consumidores. E, terceiro, as empresas em geral são presunçosas, ou pelo menos equivocadas, ao acreditar que sabem melhor do que os próprios consumidores o que eles de fato querem. Esses três fatores juntos levam as organizações a criar produtos que são bem mais complexos do que o necessário. Tischler escreve: "Culpe o ciclo de *feedback* fechado entre engenheiros e *designers* industriais, que simplesmente não conseguem conceber alguém tão limitado que não descobre como baixar um toque de telefone pela Internet; culpe um cenário competitivo em que o enaltecimento dos novos recursos é a maneira mais fácil de diferenciar produtos, mesmo que isso dificulte ainda mais seu uso; culpe os marqueteiros que ainda não descobriram uma maneira de fazer a **'facilidade de uso'** soar como a última tendência."[5]

Considerando esses fatores, é necessária uma dose a mais de inteligência para desafiar a complexidade do projeto e criar projetos simples com menos recursos. Também é preciso ter humildade para começar a adotar a perspectiva do cliente, e não sua própria visão, e para saber quais são as reais necessidades das pessoas. Para ativar esse tipo de inteligência ou aprender a desenvolvê-la, muitas empresas recorreram a empresas de *design* como a IDEO não apenas para projetar produtos para elas, mas também para ensinar gerentes como desenvolver a mentalidade da simplicidade do *design*.[6] Outros buscam princípios semelhantes aos oferecidos por John Maeda, responsável pelo **Consórcio da Simplicidade** no Laboratório de Mídia do MIT (Massachusetts Institute of Technology). Ele sugere que a simplificação de produtos é uma questão de "mais é menos" – menos recursos, menos botões, menos distrações. Assim, o cliente pode aproveitar o produto ao máximo.[7]

Superando a complexidade relativa a produtos

As quatro fontes de complexidade relativa a produtos estão entranhadas nas organizações e no comportamento gerencial. Em relação à complexidade estrutural em uma organização, gerentes não decidem começar a tornar os produtos mais numerosos, complexos ou de difícil compreensão ou montagem. Na visão deles, isso simplesmente acontece, como parte do curso normal de eventos. O ponto de partida para a simplificação, contudo, é perceber que a complexidade relativa a produtos não é algo que **"surge do nada"**. Ela é resultado da dinâmica gerencial descrita neste capítulo – falta de escolhas disciplinadas, pensamento voltado para dentro, pouca integração com outros produtos e fornecedores, pouca atenção a clientes. Portanto, as soluções precisam contrapor essas dinâmicas. Gerentes podem utilizar três abordagens estruturadas para fazer exatamente isso:

1. Análise de portfólio.
2. Racionalização e redução da SKU.
3. Parcerias de clientes no *design*.

Análise de portfólio

Talvez a abordagem mais conhecida para reduzir a complexidade de produtos seja a participação em uma análise estratégica de produtos e serviços da sua empresa. E, em seguida, o uso dessa análise para tomar decisões sobre cortes ou reformulações no seu portfólio. A GE foi pioneira nesse tipo de pensamento quando criou unidades de negócios estratégicas, na década de 1970. Bruce Henderson, um dos fundadores do Boston Consulting Group (BCG), usou como base o trabalho da GE e divulgou a abordagem na década de 1980; hoje a maioria das empresas de consultoria estratégica adota alguma variação dessa abordagem.

A essência da análise de portfólio é categorizar produtos e serviços em áreas usando dados financeiros e de mercado, e depois ajustá-los às metas estratégicas. As áreas costumam derivar de algum tipo de matriz (em geral, dois por dois) que força gerentes da empresa a fazerem escolhas difíceis sobre os produtos a serem eliminados ou alienados, os produtos a serem mantidos e os produtos que devem ter maior apoio e aprimoramento.

A matriz clássica do BCG tem a aparência da Figura 3.1 e tem nomes evocativos para cada categoria (este foi um dos motivos pelos quais este modelo se tornou um padrão no mundo dos negócios).

Conforme sugerido na matriz, as **estrelas** – os produtos ou serviços que são a essência dos negócios da empresa – já têm adeptos significativos e uma perspectiva de crescimento ainda maior. Os **investimentos com baixo retorno** *(dogs)*, por outro lado, têm pouca participação no mercado atual e pouca perspectiva de crescimento futuro e, portanto, (usando a terminologia do BCG), devem ser "**mortos**", ou seja, alienados ou eliminados. Vale a pena manter as **fontes de renda fixa** *(cash cows)* – produtos com grandes fatias no mercado, mas pouco potencial de crescimento futuro – desde que elas continuem a gerar renda. É preciso ficar atento, contudo, aos sinais de que esses produtos estejam se aproximando da categoria de investimentos com baixo retorno.

FIGURA 3.1
O modelo "fatia de crescimento" do BCG

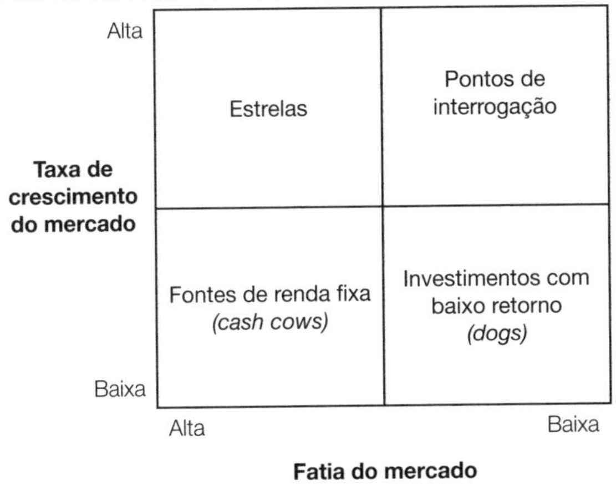

	Alta (fatia)	Baixa (fatia)
Alta (taxa)	Estrelas	Pontos de interrogação
Baixa (taxa)	Fontes de renda fixa *(cash cows)*	Investimentos com baixo retorno *(dogs)*

Eixo vertical: Taxa de crescimento do mercado (Alta/Baixa)
Eixo horizontal: Fatia do mercado (Alta/Baixa)

Fonte: Usado com permissão do Boston Consulting Group.

E os **pontos de interrogação** representam os produtos que podem ter um grande potencial de crescimento futuro, mas que ainda não provaram ter valor e, portanto, dão margem a dúvidas sobre o grau de risco envolvido.

Subjacente a essa categorização, existe a suposição de que produtos tenham um ciclo de vida e que, potencialmente, passem por estágios na matriz com o tempo, Conforme mostrado na Figura 3.2. Então, a categorização não é necessariamente estática; ela precisa ser refeita periodicamente porque os produtos amadurecem e o mercado muda.

O poder deste modelo reside na sua **simplicidade** – e no fato de forçar gerentes de nível mais alto a confrontar escolhas que, em geral, tenderiam a evitar. Portanto, isso costuma levar a intensos debates sobre as categorias às quais os produtos realmente pertencem, os dados a serem usados na categorização, as suposições subjacentes às categorizações e assim por diante. São diálogos saudáveis que retomam questões psicológicas básicas discutidas anteriormente: os gerentes demonstram lealdade e comprometimento afetivo para com seus produtos, mesmo que esses produtos estejam há pouco tempo na família.

Como pudemos observar, a GE utilizou uma variação deste modelo por muitas décadas e aplica a mesma em nível de portfólio de negócios e a produtos desse portfólio. Por exemplo, o negócio de plásticos da GE na década de 1980 e início da década de 1990 era considerado uma **estrela**, ou seja, um negócio dominante, baseado em tecnologia, com um imenso potencial de crescimento. Com o tempo, os plásticos se transformaram em *commodities* e o negócio se tornou uma **fonte de renda fixa**. Quando o custo da matéria-prima derivada do petróleo disparou, reduzindo muito as margens de lucro, a empresa (que antes era parte expressiva do mecanismo de crescimento da GE) passou a ser um **investimento com baixo retorno** e foi vendida em 2006 a uma empresa da Arábia Saudita.

Às vezes, a categorização de um negócio ou de produtos dentro da análise de portfólio não apenas incita debates, mas também desencadeia inovação. Por exemplo, o negócio de cartão de crédito de varejo da GE foi originalmente criado para ajudar consumidores a comprar eletrodomésticos da GE durante a Depressão. Na década de 1980, a empresa estava fornecendo esse crédito através da emissão e entrega de cartões de crédito de marca em nome de diversos varejistas. Quando Jack Welch fez sua análise de portfólio no início da década de 1980, o negócio parecia ser uma fonte de renda fixa ou um investimento com baixo retorno. Os consumidores estavam passando a utilizar os cartões de crédito universais – MasterCard, Visa e outros. Os cartões de crédito de marca não pareciam ter muito futuro. A empresa foi até colocada em leilão, mas ninguém via futuro nela: não apareceram compradores. Quem comandava os negócios na época, David Eckdahl, decidiu repensar os negócios e seus produtos e encontrar uma forma de fazer o negócio crescer e atrair mais clientes no futuro. Para fazer isso, ele tirou o foco dos consumidores enquanto clientes e se concentrou mais no varejista. Com esse foco, ele reavaliou o portfólio inteiro de produtos, criando muito mais produtos para ajudar os varejistas a incentivar as vendas, aumentar o reconhecimento da marca, atrair os clientes para as lojas, melhorar

FIGURA 3.2

Ciclo de vida do produto

Posições do BCG durante o ciclo de vida do produto

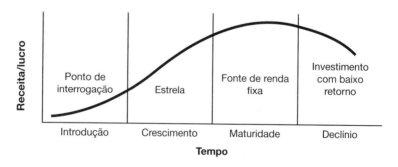

Fonte: Usado com permissão do Boston Consulting Group.

o atendimento ao cliente, entre outros benefícios. De repente, a empresa começou a crescer e sua posição dentro do portfólio da GE mudou – ela se tornou uma estrela. A ramificação internacional da empresa acabou constituindo uma empresa separada, denominada GE Money. E, sob o comando de David Nissen, ela se tornou um dos negócios principais e mais rentáveis da GE. Mas, assim como todos os negócios com ciclos de vida, a GE Money começou a enfrentar uma desaceleração no crescimento em 2007. Durante o aperto no crédito de consumo de 2008, ela também se tornou um alvo do desinvestimento.[8]

Racionalização e redução da SKU

A sigla SKU significa em português "**unidade de armazenagem**": um produto exclusivo ou uma variação do produto identificada por um número. Esse sistema de identificação permite que uma empresa acompanhe suas mercadorias desde a fabricação até a distribuição aos consumidores. Números separados de SKU costumam ser fornecidos para variações ainda menores do mesmo produto, como, por exemplo, um pacote com seis ou um pacote com oito, um *design* de pacote promocional especial ou uma formulação específica do país. À medida que as empresas ajustam e personalizam produtos e promoções, as SKUs proliferam como folhas brotando nos galhos que representam os produtos principais. Enquanto a análise do portfólio de produtos deve podar ramificações bastar as folhas.

A análise da SKU costuma ser iniciada a partir de uma perspectiva funcional por causa da complexidade que grandes números de SKU geram para manufatura, distribuição, vendas e todas as áreas de apoio. Por exemplo, a divisão de manufatura europeia de uma empresa farmacêutica global trabalhou com a firma de consultoria BCG para avaliar o impacto de suas variações da SKU sobre a complexidade da fábrica e os custos relacionados. Ao utilizarem os dados resumidos na Figura 3.3, gerentes descobriram que 20% dos custos de fábrica resultaram das mudanças e lotes de curto prazo necessários por causa do grande número de variações de produtos. Isso levou os gerentes a assumir um programa de racionalização da SKU, examinando cada variação de um país e visão regulamentadora – um programa que acabou ajudando a reduzir muito os custos operacionais em cada fábrica.[9]

Poucas empresas percebem o nível de proliferação das SKUs e o grau de complexidade e custos resultante. Na verdade, muitos gerentes incentivam ativamente a proliferação como maneira de oferecer aos clientes mais opções e customização. Eles não percebem que a complexidade resultante pode ser realmente nociva, tanto para a rentabilidade da empresa quanto para a satisfação do consumidor. A cadeira Aeron é um exemplo disso.

Em 1999, ela ganhou o prestigiado prêmio *Design of the Decade*. Em 2002,

FIGURA 3.3
Impacto da proliferação da SKU

Alta complexidade dos produtos – várias SKUs de baixo volume, lote de tamanho médio baixo.

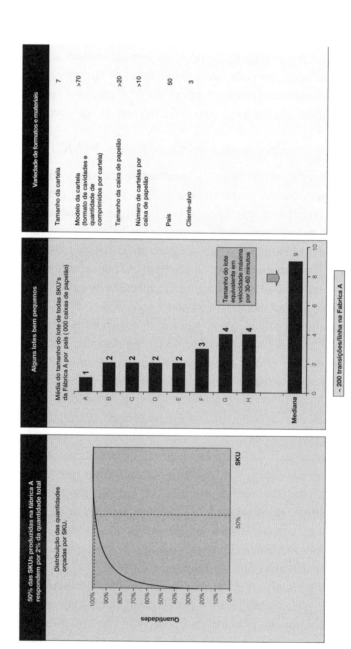

Fonte: Usada com a permissão do Boston Consulting Gruoup.

foi classificada entre os quinze produtos de consumo com melhor *design* dos últimos cem anos. A cadeira Aeron é um dos produtos do fabricante Herman Miller com maior reconhecimento e uma campeã de vendas.[10] As cadeiras, contudo, são itens muito pessoais, e um dos pontos de vendas mais fortes da cadeira Aeron é sua capacidade de "adaptar-se com naturalidade e ajustar-se com precisão para atender pessoas de diferentes portes e posturas, que se dedicam a diferentes tipos de atividades, o dia inteiro".[11] Em outras palavras, a cadeira Aeron permite ao seu usuário fazer todo tipo de ajuste pessoal no produto básico. Além da flexibilidade inerente ao *design*, a Herman Miller oferece dezenove etapas que um consumidor pode seguir para customizar a cadeira no momento da compra: tamanho, cores, materiais e outras características, com múltiplas opções para cada etapa.

Por muitos anos, o pessoal de *design* e *marketing* de produtos da Herman Miller supôs que quanto mais opções apresentasse aos clientes, melhor seria. Todavia, quando Mary Stevens se tornou vice-presidente sênior de gerenciamento de produtos, em 2007, ela começou a refletir sobre as implicações dessa suposição. Ela descobriu que as dezenove etapas de customização resultaram em uma proliferação maciça de SKUs. Na realidade, a empresa estava oferecendo aos consumidores 140 milhões de configurações da cadeira Aeron e precisava estar preparada para fabricar qualquer uma dessas possibilidades.

Stevens e sua equipe procuraram averiguar melhor a situação e perceberam que essa complexidade da SKU tinha consequências significativas em termos de operação e custo. Por exemplo, em virtude de todas as configurações customizadas e únicas, o produtor que fornecia o tecido para tela de encosto da cadeira precisava dedicar 80% de sua capacidade de manufatura para o equivalente a apenas 20% da sua produção total – uma **ineficiência expressiva**. Da mesma forma, os departamentos de sistemas e finanças estavam mantendo arquivos de preços extensos para cada SKU possível. Além disso, o *marketing* estava sempre preparando novo material de garantia. O mais surpreendente, contudo, era que os clientes não estavam valorizando o fato de a Herman Miller oferecer tantas opções. Dentre as 140 milhões de configurações possíveis, apenas 4.000 eram de fato solicitadas com uma certa frequência — com pouco mais de 400 configurações respondendo pela maioria das vendas em massa.

Com esses dados em mãos, Stevens iniciou um programa de redução significativa de SKU – reduzindo a dez o número de etapas de customização envolvidas na compra de uma cadeira, diminuindo também as opções em cada etapa. Através de sugestões de clientes, que ela chama de "perspectiva de fora para dentro", sua meta final é reduzir o número de configurações possíveis a menos de 200.000.

Parceria de clientes no design

Vimos no exemplo de simplificação de Mary Stevens relativo à cadeira de Aeron que um dos segredos para reduzir a complexidade de um produto é desenvolver uma espécie de mentalidade externa, pensando de fora para dentro. Sempre foi um desafio para as empresas desenvolver esse tipo de mentalidade – é sempre mais fácil primeiro criar um produto e depois verificar sua aceitação no mercado. A suposição por trás dessa forma de pensar é que nós (a empresa e seus tecnólogos e *designers*) sabemos de que você (o consumidor) precisa; portanto, projetamos o produto para atender às suas necessidades. Agora, só precisamos convencê-lo a concordar com isso, através de divulgação, promoção, informação, incentivos e assim por diante.

Infelizmente, quando produtos, *designs* e promoções não geram o resultado esperado, as empresas costumam criar mais variações ou itens adicionais na esperança de que isso dê certo e de fato atenda às necessidades dos consumidores. Como alternativa, elas fazem mais anúncios e promoções, o que acaba irritando ainda mais e tem poucas chances de levar o consumidor a compreender melhor a situação. É como falar mais alto com alguém que fala um idioma estrangeiro.

Anúncios, promoções e vendas não são a via mais simples para o sucesso de um produto ou serviço. É bem melhor oferecer aos clientes *designs* que os conduzam voluntariamente às prateleiras das lojas em busca desses produtos da empresa. Uma das formas de levar a esse impulso é envolvendo o consumidor diretamente no processo de criação.

A Cisco Systems é um bom exemplo de como o envolvimento dos consumidores de forma estruturada e intencional pode fazer a diferença. A Cisco tem pelo menos três mecanismos independentes para fazer isso. Primeiro, conforme mencionado antes neste capítulo, uma das tarefas dos laboratórios de testes de produtos da Cisco é reproduzir aspectos de redes de clientes para mostrar como os produtos da empresa funcionam no ambiente do cliente. Seus engenheiros e marqueteiros percebem que não basta que os produtos sejam confiáveis e eficazes; eles também precisam funcionar em conjunto com os outros produtos que constituem a rede do consumidor. Caso contrário, ocorrerá algo que a Cisco já aprendeu com os clientes: seus produtos sem querer tornarão o gerenciamento das redes dos consumidores mais complexo e difícil.

A segunda maneira que a Cisco encontrou de envolver consumidores é através de seus Centros de Negócios Executivos (EBCs, na sigla em inglês). Eles são locais de demonstração de produtos que a Cisco criou nas principais cidades do mundo. Eles oferecem um ambiente em que os consumidores podem chegar e fazer inspeções na rede e nos produtos de tecnologia avançada.

Os centros também funcionam como os locais para intensos diálogos entre o pessoal da Cisco e equipes de consumidores sobre produtos, serviços e como a Cisco pode melhor atender às necessidades dos consumidores. Cada EBC também tem uma sala de "telepresença" (sistema de comunicação por vídeo em tempo real, de alta definição) onde clientes podem conversar com *experts* da Cisco praticamente em qualquer parte do mundo.

Somado a esses mecanismos, a Cisco pede aos clientes para participarem de diversos conselhos consultivos. Alguns deles são organizados pelo segmento de consumidores (por exemplo, empresas de grande porte globais); outros se concentram em tecnologias (como a segurança). Em todos os casos, as organizações de clientes designam pessoas-chave (chegando a vinte e cinco por conselho, algumas em nível de alta gerência) para participar de reuniões formais pelo menos duas vezes ao ano, com trabalhos consultivos de subgrupos ou individuais nos intervalos. A tarefa desses conselhos é fazer comentários sobre os novos produtos, identificar as necessidades a serem atendidas pela Cisco e oferecer uma orientação geral à Cisco sobre guias de produtos, recursos e investimentos (inclusive ideias sobre aquisições de empresas *start-up* (inciativa) de pequeno porte de tecnologia).[12] Uma declaração de missão típica de um conselho consultivo da Cisco seria: "Nossa missão é apresentar um fórum em nível executivo para acelerar a entrega de programas e serviços da Cisco que atendam às necessidades específicas dos nossos consumidores. Temos o compromisso de ouvi-los atentamente e de compreender o que é necessário para ajudar seus negócios e líderes técnicos a atingir suas metas."

Neste contexto, um desses conselhos consultivos passou várias sessões no curso de dezoito meses tentando ajudar engenheiros de produção e líderes de tecnologia a explorar o real significado da conquista da "extrema" e perfeita disponibilidade de rede. Durante as reuniões do conselho consultivo, as sessões destacavam como melhorar a qualidade dos produtos, como fortalecer a segurança e disponibilidade da rede, e como gerenciar a complexidade da rede. No intervalo entre as sessões, o *staff* da Cisco analisava os comentários dos membros do Conselho de Administração para poder relatar o progresso na reunião seguinte.

Apesar de todas as sessões do conselho consultivo de consumidores agregarem valor, a mensagem essencial é o comprometimento geral da Cisco em fazer uma parceria com os clientes em relação aos produtos oferecidos. A Cisco como um todo investe milhões de dólares e emprega diversos gerentes e *staff* com a tarefa principal de certificar-se de que a organização ouça atentamente seus clientes de forma sistemática, até mesmo quando a mensagem recebida não for tão agradável aos ouvidos. Segundo Patrick Finn, um vice-presidente que conduziu diversos negócios de vendas da Cisco: "O comprometimento com o envolvimento do consumidor mantém nosso foco no que é importante, afastando-nos da complexidade de todas as novas tecnologias."

Esses tipos de mecanismos de contribuição dos clientes faz sentido para produtos tecnológicos, mas também funcionam para outros setores e categorias de produtos. Por exemplo, a Fidelity Investments utiliza "laboratórios de consumidores" como um meio de oferecer *feedback* sobre novos produtos ou sobre a facilidade de sua utilização ou compreensão. Quando a Fideliy estava desenvolvendo um serviço de planejamento de aposentadoria baseado na *Web*, a empresa trouxe clientes de diferentes localidades geográficas e segmentos econômicos para explorar a ferramenta e fazer comentários. Da mesma forma, a Philips Electronics tem um "conselho consultivo da simplicidade" constituído de *experts* externos que ajudam a empresa a criar ofertas simplificadas, como, por exemplo, manuais de instrução de fácil compreensão por clientes que não dominam a área de tecnologia.

Simplificação de produtos: um desafio sem fim

Vencer a proliferação e a complexidade de produtos é um desafio contínuo, e não uma prática de simplificação que resolve tudo em uma só tacada. Toda empresa, com ou sem fins lucrativos, precisa desenvolver e oferecer produtos e serviços que atendam às necessidades dos consumidores. Com esse intuito, executivos acabam incentivando não apenas a expansão de produtos e serviços existentes, mas também o constante desenvolvimento de novos itens. Em conjunto, esses dois objetivos sem querer acabam gerando complexidade de produtos resultante de diferentes fatores: existe um número excessivo de produtos, alguns produtos não se adéquam facilmente ao ambiente social e técnico dos consumidores, ou existe alguma combinação desses fatores.

Para combater a complexidade de produtos, gerentes focados na simplicidade precisam continuamente refletir sobre as questões de complexidade levantadas neste capítulo: *Estamos oferecendo produtos demais aos nossos consumidores? Estamos dificultando a compreensão e o uso de nossos produtos e serviços pelos clientes? Estamos criando produtos e serviços que não são facilmente integrados com outros produtos que o consumidor possa estar utilizando junto com eles? Estamos deixando de considerar formas de incluir mais simplicidade no design de nossos produtos e serviços?*

Se suas respostas a qualquer uma dessas perguntas sugerir que a **complexidade** de produtos é um problema, talvez seja necessário adotar uma metodologia estruturada para ajudá-lo a escolher os produtos a serem oferecidos, a quantidade de recursos a serem incluídos nos produtos e como criar produtos e serviços com base na visão de fora para dentro do consumidor. As abordagens descritas neste capítulo visam ajudá-lo nesse sentido: análise de portfólio de produtos, racionalização e redução da SKU e parceria de clientes no *design*.

Como qualquer conjunto de ferramentas, contudo, essas abordagens só são eficazes quando empregadas pelas mãos certas. A simplicidade no *design* de produtos exige persistência e vigilância, disposição para fazer escolhas difíceis e competência para realmente enxergar o mundo através da perspectiva do consumidor. Não é nada fácil incorporar a simplicidade. Mas a quantidade certa dos produtos certos nos momentos certos é uma receita maravilhosa para o sucesso organizacional. E o esforço certamente valerá a pena.

CAPÍTULO 4

Simplificando processos

O S PROCESSOS REPRESENTAM AS ETAPAS e a sequência usada para concluir as tarefas em tempo hábil. Estamos falando de ações estratégicas (como a criação e comercialização de novos produtos), táticas (relatórios de despesas) e comuns (solicitação de mais papel para a impressora). Quando esses processos envolvem mais etapas do que o necessário, são confusos ou empregam um número excessivo de pessoas nos momentos errados, eles se tornam grandes fontes de complexidade. Este capítulo discute como os processos acabam ficando complexos demais e o que os gerentes podem fazer para conduzi-los à simplicidade.

O desafio da complexidade de processos

Quando Thomas Kirsch foi nomeado chefe global do controle de qualidade (CQ) de empresas de P&D da Johnson & Johnson, no início de 2000, ele não sabia bem onde estava pisando. Como chefe do CQ do Pharmaceutical Research Institute (PRI), que é a organização de P&D norte-americana da Johnson & Johnson, Kirsch se empenhou muito para criar um grupo altamente eficiente para executar processos padrão de auditoria e relatórios sobre qualidade, monitorando a qualidade de ensaios clínicos, definindo novos fornecedores e corrigindo logo outros problemas de qualidade. Mas o PRI era apenas uma entre tantas organizações de pesquisa da família Johnson & Johnson. E agora a Janssen Research Foundation (JRF), na Europa, e as operações de P&D da Johnson & Johnson na Ásia também eram de sua competência. Tradicionalmente, essas organizações têm se mantido bastante independentes. Apesar de já serem propriedade da Johnson & Johnson há tantos anos, elas produziam seus próprios produtos à sua maneira. Como o negócio farmacêutico se tornava cada vez mais global (com a descoberta, fabricação e distribuição de drogas em diferentes partes do mundo, além do aumento da cooperação entre órgãos reguladores do governo), esse padrão precisava mudar. Kirsch ficou encarregado de fazer essa mudança segundo uma perspectiva do CQ. E, para complicar, as exigências de auditoria e conformidade eram tantas que o orçamento ou o pessoal treinado não conseguia dar conta de tudo. Então, Kirsch também precisa melhorar consideravelmente a produtividade geral da função de CQ.

Kirsch rapidamente percebeu que o segredo do sucesso seria a simplificação e a padronização de processos. Até as três unidades de CQ norte-americanos do PRI adotavam procedimentos um pouco diferentes, o que dificultava a combinação de recursos e a padronização de relatórios; o acréscimo de duas unidades na Europa e um na Ásia dificultaria ainda mais a situação. Entretanto, também não adiantaria orientar todos a fazerem a mesma coisa, utilizando um único modelo e uma série de instruções. Cada unidade desenvolveu sua maneira própria de trabalhar de acordo com as necessidades e condições locais, e seu pessoal teria dificuldade em abandonar décadas de prática bem-sucedida apenas porque um novo chefe foi remanejado da sede corporativa. Na melhor das hipóteses, eles ouviriam a proposta de forma respeitosa e depois passariam horas tentando "convencer" o novo chefe dos motivos pelos quais precisavam continuar trabalhando da mesma forma.

Diante dessa realidade, Kirsch decidiu envolver o maior número possível de pessoas, de diferentes unidades, em uma iniciativa contínua de "integração e simplificação" de CQ. Primeiro, ele reuniu sua nova equipe de liderança – gerentes de seis unidades – para compreender os ditames dos negócios e os benefícios da integração de CQ e também para catalogar os principais processos constituintes da função de CQ. Depois, a equipe selecionou vários processos de trabalho para foco imediato: auditoria de ensaios clínicos, preparar-se para visitas de órgãos regulamentadores a unidades de manufatura e acompanhar o fechamento de exceções previamente identificadas em auditorias. Tudo isso representaria uma diferença material se tivesse sido executado como processos comuns, simples e globais – em termos de redução de custos e utilização de recursos, compartilhamento de conhecimento ou mitigação de risco.

Kirsch e seus gerentes depois designaram equipes que representavam todos os locais de CQ para focar esses três processos. Em um *workshop* de três dias na Bélgica, as equipes mapearam como os processos eram executados em diferentes partes do mundo, discutiram sobre os prós e os contras das diferentes abordagens e definiram um "processo global" recomendado que precisava atender vários critérios: atingir ou exceder as exigências de regulamentação, definir um processo otimizado para o CQ global inteiro e realizar o trabalho de forma mais rápida e mais fácil do que antes. No final do *workshop*, as equipes apresentaram suas recomendações a Kirsch e aos seus gerentes, que debateram e refinaram as recomendações antes de aceitá-las. As equipes tinham cem dias para colocar em prática esses novos processos na organização Johnson & Johnson inteira. Isso significava que elas precisavam escrever procedimentos operacionais padrão, criar e implementar planos de treinamento e comunicar todas as mudanças ao *staff* afetado (dentro do CQ e em áreas de P&D relacionadas).

Diante do sucesso da primeira onda de simplificação de processos, Kirsch e sua equipe de gerenciamento comissionaram novas equipes a cada quatro meses. Em dois anos, todos os processos de CQ foram globalizados e simplificados. Quase todos os membros da função de CQ participaram pelo menos de uma equipe. A ampla participação tornou a aceitação dos novos processos relativamente mais fácil, pois era o próprio *staff* quem estava implementando essas mudanças, em vez de aceitar sua imposição. Isso também conferiu ao *staff* de CQ uma perspectiva global mais ampla sobre os negócios e ajudou-o a estabelecer relações com colegas do mundo inteiro. Assim, a simplificação de processos passou a ser um modo de vida, e não um evento incomum. Portanto, quando a Johnson & Johnson expandiu a competência da organização de Kirsch para incluir a Centocor, a maior ramificação de biotecnologia da empresa, em 2002, era relativamente fácil incluir a nova área nas atribuições de CQ e fazer o mesmo com diversas aquisições nos anos seguintes. O mais relevante é que a produtividade geral da função de CQ no mundo inteiro aumentou 50% em quatro anos, de 2000 a 2004.

Como a evolução de processos aumenta sem querer a complexidade

A experiência da Johnson & Johnson ilustra bem que, a menos que a complexidade do processo seja atacada de forma sistemática, ela aumenta os custos, dificulta a conclusão de tarefas em tempo hábil com eficácia e rapidez, e pode atrapalhar importantes iniciativas estratégicas, como, por exemplo, a globalização de P&D. Mas ninguém projeta intencionalmente processos para que sejam complexos e enrolados, nem tem prazer em dificultar a conclusão de tarefas em tempo hábil. São os processos que evoluem com o tempo, se tornando complexos de quatro formas:

- **Diferenças locais** - Conforme as organizações progridem, os mesmos processos costumam ser executados de forma diferente em locais diferentes. Às vezes, bons motivos iniciais resultam nas variações, mas o mesmo trabalho acaba sendo realizado de diferentes maneiras muito tempo depois de tais motivos já terem desaparecido.

- **Multiplicação de etapas e circuitos** - À medida que as organizações encontram problemas únicos ou recorrentes, os processos tendem a adquirir mais etapas, mais controles e mais pessoas em busca de soluções. Essas soluções raramente são abandonadas, e o acréscimo de etapas e pessoas só passa a ser notado quando os processos demoram muito para serem concluídos.

- **Informalidade do processo** - Uma terceira fonte de complexidade é a falta de rigor na forma como um processo de fato deveria ser realizado. Em geral, essa ausência de disciplina surge porque as pessoas não percebem a princípio que o trabalho que estão executando é realmente um processo que pode se repetir. Com o tempo, as formas únicas com que executam tarefas se tornam rotineiras, mesmo quando essas etapas não são necessariamente as melhores formas de proceder.

- **Falta de transparência interfuncional ou entre unidades** - As pessoas naturalmente tendem a destacar sua parte no processo, e não o todo, sem perceber que o processo atravessa muitas linhas organizacionais, com dependências e interdependências. Como resultado, o trabalho de uma unidade costuma não estar relacionado ao trabalho de outra.

Cada louco com sua mania: diferenças locais tornam os processos mais complexos

Qualquer pessoa que tenha morado em diferentes países do mundo sabe que as variações locais em geral fazem com que atividades simples pareçam difíceis. Por exemplo, fazer compras de mercado no seu próprio país é uma tarefa fácil e comum - você sabe onde ir, como chegar lá, o que comprar, como pagar e como levar as compras para casa. Mas experimente executar o mesmo processo em um país estrangeiro. Você precisará pensar em cada etapa no caminho – onde encontrar mercados locais, que tipos de alimentos pode comprar em cada estabelecimento, como descobrir os preços na moeda local, como os lojistas e vendedores esperam que você se comporte, e muito mais.

Organizações com várias filiais (unidades), mesmo que dentro do mesmo país (ou até mesmo dentro do mesmo prédio), apresentam desafios semelhantes. Se cada escritório ou unidade adotar procedimentos diferentes, será difícil operar como uma única empresa. O pessoal de uma unidade se sentirá como estrangeiro quando precisar trabalhar em outra. É como o caso do advogado baseado em Nova York que me contou recentemente como foi difícil para ele quando um caso em que estava trabalhando forçou que fosse para o escritório da empresa na Filadélfia. Os processos de apoio, pesquisa e documentação eram tão distintos que ele ficou perdido, embora os escritórios estivessem a uma distância de um pouco mais de uma hora de trem.

A maioria das organizações enfrenta o contínuo desafio de encontrar o equilíbrio certo entre processos autônomos localmente e processos consistentes globalmente. A consistência global facilita o compartilhamento de recursos e a movimentação das pessoas de um local para outro, promove o uso de sistemas de mensuração consistentes, possibilita a comparação do desempenho em diferentes unidades e, em geral, é mais eficiente em termos de custo. Por outro lado, os processos locais costumam tornar mais fácil para uma empresa reagir rapidamente a novas condições de mercado, exigências de clientes e situações competitivas. A interação entre processos globais e locais é a essência do que Christopher Bartlett e Sumantra Ghoshal denominam **"organização transnacional"**, em que alguns processos essenciais, como pesquisa básica ou formação do *staff* executivo, são realizados de maneira central e consistente, enquanto outros processos, como *marketing* e precificação, são executados localmente.[1] Outro termo para essa mesclagem de processos locais e globais é o que meu colega e ex-professor da Harvard Business School Todd Jick denomina organização **glocal**: ela mescla processos globais respeitando a presença local. Ele faz uma comparação a um conjunto de *jazz* com músicos do mundo inteiro, em que alguns tocam juntos e outros tocam solo.[2]

A divisão de Operações Globais da Pfizer, que gerencia as instalações da empresa, os bens imóveis, viagens, manutenção de equipamentos, segurança ambiental e outros serviços administrativos, é um bom exemplo da tensão existente neste processo. Antes de Paul Begin assumir a divisão, em 2006, cada uma das unidades de negócios, funções e localidades da Pfizer de certa forma gerenciavam suas próprias operações, compartilhando um pouco das práticas recomendadas através de uma rede global. Para reduzir custos e a complexidade de processos, Begin e sua equipe de liderança desenvolveram um conjunto de processos globais consistentes para as principais atividades operacionais da empresa. Por exemplo, em vez de conceder a cada unidade de negócios a autoridade para fazer a compra ou locação de seus próprios equipamentos de escritório, a Operações Globais criou um conjunto de padrões, contratos de fornecedores e processos de análise em comum ou regionais. Então, em vez de cada gerente de cada unidade adquirir o equipamento desejado, foram estabelecidos padrões para definir se os gerentes teriam impressoras compartilhadas ou particulares, coloridas ou preto e branco, um fornecedor ou outro, etc. Como esses processos comuns foram implementados no mundo inteiro, a empresa economizou milhões de dólares e, ao mesmo tempo, simplificou seus processos operacionais. Entretanto, isso só foi possível graças a intensas análises e debates sobre cada processo, um a um, para determinar os custos, os benefícios e os *trade-offs* (compensações) da padronização global ou regional e da customização local (e para lidar com a resistência local em ceder o controle) - com algumas decisões sendo tomadas pela equipe de liderança da alta gerência.

As variações de processo locais, além do aumento do custo e da complexidade, são inevitáveis à medida que as organizações crescem e evoluem. Os gerentes criativos estão sempre em busca de formas novas, mais rápidas e melhores de concluir tarefas em tempo hábil e, na verdade, costumam ser recompensados por fazer isso. Ao mesmo tempo, as condições sempre variarão de um local para outro - com diferentes habilidades da força de trabalho, estruturas de custos, fornecedores, clientes e concorrentes. Os gerentes são compelidos e levados a ajustar suas abordagens em conformidade para terem êxito. Adicionalmente, as empresas em geral crescem através de aquisições de novas unidades, instalações e pessoal – e esses novos grupos trazem suas próprias variações de processos. Um dos maiores desafios à simplificação é conseguir manter esta constante entropia dos processos sob controle.

Nunca cometa o mesmo erro duas vezes: o acréscimo de etapas e circuitos torna os processos mais complexos

No início de minha carreira como consultor, trabalhei com o departamento de empréstimos do então banco JP Morgan. Naquela época, antes do sistema de registro contábil totalmente computadorizado, muitos dos empréstimos eram documentados em livros razão e os pagamentos eram inseridos manualmente. Todos os auxiliares de escritório utilizavam lápis como parte do trabalho (embora as entradas oficiais fossem à caneta). Somado ao tédio do lançamento manual, ficava impressionado com o fato de os auxiliares de escritório precisarem comprovar o uso dos lápis. Quando um lápis estava pequeno, eles precisavam procurar a "**moça do lápis**" do andar, mostrar o lápis gasto e receber um novo lápis. Quando perguntei por que este procedimento era necessário, me disseram que esta era a única forma de garantir que os auxiliares de escritório não gastassem lápis demais nem levassem lápis para casa. Os gerentes pareciam não perceber que o tempo que esse processo consumia representava um custo para empresa que superava qualquer quantidade imaginável de lápis utilizados.

Agora vamos avançar alguns anos para verificar um negócio industrial da GE. Nesse negócio, os operadores de torno precisavam utilizar luvas pesadas de borracha para proteger as mãos pois trabalhavam com tornos de alta velocidade. Com o tempo, quando as luvas ficavam gastas, os operadores precisavam parar os seus postos de trabalho, caminhar até outro prédio, preencher um formulário, apresentar as luvas antigas para um funcionário do setor de materiais e somente depois receber luvas novas antes de voltar ao seu posto de trabalho. Parecia um *déjà vu* (sensação de já ter vivido determinada situação) quando um de meus colegas perguntou por que esse procedimento era usado e foi informado de que muitos anos antes, uma caixa de luvas desapareceu. Novamente, as pessoas pareciam não se dar conta de que o valor de algumas caixas de luvas que simplesmente "evaporaram" era bem menor do que o tempo de paralisação das máquinas e dos funcionários para poder controlar a situação, de uma forma obsoleta...

Em retrospectiva, estes exemplos parecem tolos, mas ilustram como processos são constantemente adaptados para reduzir riscos e evitar problemas – mas isso os torna cada vez mais pesados, caros e complexos. Uma das tarefas gerenciais importantes é certificar-se de que problemas não apenas sejam resolvidos, mas também evitar sua repetição. Portanto, para evitar que problemas ocorram novamente, os gerentes acrescentam etapas ou controles aos seus processos padrão. Com o tempo, essas etapas adicionais se tornam institucionalizadas. Elas são mantidas e incorporadas de tal forma que as pessoas nem se lembram de como tudo começou ou do seu objetivo original.

Gerentes podem simplificar processos desafiando periodicamente etapas adotadas por muitos anos sem questionamento, perguntando por que a etapa é executada e explorando se ela ainda agrega valor ou se é necessária. Por exemplo, um negócio de *leasing* da GE estava investigando como agilizar o processo de liquidação dos ativos cujo contrato de *leasing* expirou. Como parte da verificação do processo, gerentes questionaram se o gerente regional precisava autorizar toda a papelada associada, ou se isso poderia ser feito apenas pelos gerentes de filial. A prova dos 9 para esta pergunta era se os gerentes regionais de fato agregavam valor ao processo ou se sua assinatura não passava de um carimbo. Ao analisar a pergunta, os gerentes da filial descobriram que os gerentes regionais jamais desautorizaram uma proposta de liquidação de *leasing*, não alteraram o preço, nem fizeram algo para alterar a transação. Com base nesses dados, não seria sensato eliminar o envolvimento dos gerentes regionais no processo.[3]

Muitas vezes, esses pontos de controle, assinaturas ou análises adicionais existem porque gerentes em diferentes níveis se sentem responsáveis por custos, qualidade e resultados, o que é algo natural e bom. Nesse contexto, eles não desejam que pensem que eles não investiram, que não sabem o que está acontecendo ou que perderam o "controle" da situação. Esse foco no controle se baseia na noção hierárquica de que todas as informações precisam passar para níveis superiores na cadeia de comando para obter aprovação. Muitas vezes, contudo, quanto **maior o número de aprovações de alto nível**, mais distantes estão os gerentes dos dados reais e da capacidade de realmente agregar valor. Portanto, as análises e os controles não agregam muito valor, além de tornarem o processo mais lento e reduzir o *empowerment* e o senso de responsabilidade das pessoas quando chega o momento de tomar uma decisão. Na realidade, quando há muitas camadas de aprovação, o pessoal da linha de produção talvez não dê a atenção necessária a um problema, pois pressupõem que alguém mais adiante perceberá que algo se perdeu (ou está errado).

Os gerentes também costumam adicionar etapas para evitar problemas em potencial. Quando gerentes ou suas organizações têm especial aversão a riscos, essas medidas preventivas às vezes podem se tornar onerosas. No banco New York Federal Reserve, um dos gerentes certa vez comentou que o objetivo básico do gerenciamento de processos no Fed era o de evitar que o mesmo erro se repetisse - ou seja, pensar em todas as contingências possíveis e pensar em uma maneira de lidar com isso. É claro que isso é impossível, mas soa como uma meta útil embora acabe apenas aumentando a complexidade dos processos. Por exemplo, Gary Rodkin, CEO da ConAgra Foods, conta a história de quando ele era um gerente "calouro" de produtos na General Mills anos antes, pediram a ele para se preparar para análises de produtos, identificando e respondendo previamente (com completa análise de dados) todas as **prováveis** perguntas da alta gerência. Esse nível de preparo obviamente levou semanas e 90% dos dados nunca foram usados. Uma abordagem mais simples, que agora ele emprega com seus próprios gerentes de produtos, é solicitar que eles se preparem apenas para as perguntas óbvias e, depois, pesquisar as perguntas que não possam ser respondidas de cara.

Pavimentando os cow paths: como a informalidade de processos gera complexidade

Você já se perguntou por que as ruas de Boston e de outras cidades da Nova Inglaterra são tão sinuosas? É porque essas eram originalmente os *cow paths**. Com o tempo, como as vacas seguiam sempre o mesmo caminho do estábulo para o pasto, esses caminhos foram percorridos tantas vezes que acabaram se transformando em estradas. Hoje esses caminhos das vacas estão pavimentados, nomeados e marcados em mapas como a rota autorizada para ir de um local ao outro. E raramente nos perguntamos por que estamos seguindo em uma estrada tão tortuosa. Também é difícil modificar ou tornar a estrada reta pois já existem várias construções, linhas utilitárias e outros tipos de infraestrutura ao seu redor.

---

* Nota da tradutora: o termo *cow paths*, ou rotas das vacas, tem um significado mais amplo: se você não sabe qual o melhor caminho, deixe que a prática do uso do espaço lhe aponte a melhor trilha.

Muitos processos nas organizações têm praticamente a mesma gênese. Eles não foram intencionalmente projetados, pois se desenvolveram através do acaso, da tradição e da repetição, chegando a ponto de se tornarem inquestionáveis. Seja qual for o nível de ineficácia criado ao longo dos anos, ele se torna institucionalizado e afeta os negócios. A existência de vários processos ineficazes, sem planejamento e confusos é uma fonte natural de complexidade, forçando as pessoas a levar mais tempo e se esforçar mais para concluir tarefas em tempo hábil.

Vejamos uma rápida ilustração: a ramificação financeira da GE, a GE Capital, fez diversas aquisições no início da década de 1990, quase cinquenta por ano a certa altura. Para atingir esse volume, a GE desenvolveu processos de alta eficiência para o que denominou "desenvolvimento de negócios", que incluíam: busca de alvos de aquisição, devida diligência, desenvolvimento de modelos de avaliação e precificação, termos e condições de negociação, e fechamento de negócios. Cada etapa do processo incluía uma série de roteiros e listas de verificação. E os *staffs* de desenvolvimento de negócios, os advogados e o pessoal de finanças estavam bem treinados na utilização eficaz desse material. Até aqui, tudo bem.

O único problema deste sistema era o fato de ele ser interrompido assim que os negócios eram concluídos. A equipe de desenvolvimento de negócios fechava um negócio e simplesmente supunha que a unidade de negócios ou a equipe operacional (a GE Capital tinha mais de vinte negócios) apropriada assumiria tudo a partir dali. Portanto, a etapa inicial da transação adotava um processo disciplinado, enquanto a etapa final de integração do negócio, incluindo a mensuração dos resultados e a responsabilização das pessoas por eles, era totalmente informal. Nem passava pela cabeça das pessoas que esse processo pudesse ser reproduzível. No final, alguns desses negócios compensaram, mas muitos não tiveram a mesma sorte.

Em função do investimento que a GE estava fazendo em novas empresas, essa maneira aleatória e informal de integrar aquisições acabou se tornando inaceitável. Para ajustar os *cow paths* informais criados pelas unidades de negócios, o diretor de RH da GE Capital, Larry Toole, encarregou uma equipe do desenvolvimento para elaborar um processo padrão e reproduzível para a integração. Conduzida por um de seus melhores funcionários, Larry DeMonaco, a equipe entrevistou várias pessoas envolvidas nas primeiras aquisições da GE Capital (nos dois lados dos negócios), para identificar as maiores lições, o que funcionou e o que precisava ser incluído no processo de integração. Usando a entrevista e outros dados de desempenho, eles reuniram pessoas dos diferentes negócios da GE Capital em uma série de reuniões de trabalho para chegar a um acordo sobre um processo comum, que acabou ficando conhecido como o modelo Pathfinder da

GE, para a integração de aquisições.[4] Fundamentalmente, este modelo se tornou a base do roteiro de integração da GE, definindo funções-chave (como, por exemplo, o gerente de integração) e etapas não negociáveis necessárias para o sucesso – e ajudando a GE a atingir resultados bem melhores a partir de suas aquisições.

A experiência da GE Capital mostra como processos essenciais como a integração de aquisições podem ser tratados informalmente, nem mesmo sendo reconhecidos pelo que representam. Mas muitos processos cotidianos menores geram complexidade da mesma forma. Em uma sessão do *Work-Out* com a Walmart, há alguns anos, um gerente de loja levantou a questão de como verificações de dados pessoais de clientes eram aprovadas nas lojas. Tudo indica que, na época, o caixa precisava solicitar a identificação e, em seguida, levar o cheque até um gerente (ou assistente) de loja ou pedir para um gerente vir até o caixa. Durante esse processo, o cliente se sentia constrangido ("por que estão questionando meu crédito?") e formavam-se filas de pessoas que aguardavam a aprovação do gerente – que quase sempre era favorável; poucos cheques eram recusados. O grupo do *Work-Out* conversou sobre o processo e percebeu que o gerente de loja não agregava valor ao processo. Como resultado, a Walmart reavaliou o processo (que ela desconhecia ser um processo replicável) para que o caixa pudesse rapidamente verificar a identificação do comprador através de uma carteira de motorista ou de outra forma de identificação e, em seguida, aprovar a transação. Este processo mais simples melhorou o atendimento ao consumidor sem aumentar as perdas.

Toda organização tem uma infinidade de processos, de menor e maior dimensões, que evoluem com o tempo sem muita reflexão ou disciplina. A organização desses processos semelhantes aos *cow paths* sinuosos é uma excelente oportunidade de simplificação.

O barco não está vazando do meu lado: falta de transparência interfuncional

A revista *The New Yorker* certa vez publicou um quadrinho maravilhoso: quatro pessoas sentadas em um barco a remo; duas delas baldeando água furiosamente, enquanto o barco emborca em sua direção, inspirando as duas pessoas sentadas do outro lado a fazer um comentário: "**Que bom que o furo não está do nosso lado do barco!**"

Este quadrinho já provocou muitas risadas entre gerentes, mas também despertou comentários sobre como processos em silos e desconectados geram complexidade indevida nas empresas. Quando uma parte da empresa se dirige ao norte e a outra ao sul, a rota geral acaba se revelando sinuosa e talvez nem mesmo conduza ao destino desejado.

Vejamos uma boa ilustração disso: há muitos anos, na GE Lighting, a função de manufatura trabalhava duro para aumentar a economia em seus processos. Uma oportunidade envolveu o armazenamento e o transporte de lâmpadas fluorescentes de 244 cm, acondicionadas em paletes de madeira para expedição. O pessoal de manufatura descobriu que, amarrando dois paletes de 122 cm juntos, o gasto seria menor, comparado ao uso de um único palete de 244 cm. Assim, após um estudo cuidadoso, eles implementaram essa mudança e receberam crédito pela redução de custo.

Enquanto a manufatura buscava a redução de custos, a função de atendimento ao cliente tentava reduzir o número de devoluções – lâmpadas que os clientes devolviam porque estavam quebradas ou com defeito. Essas devoluções representaram não apenas perda de clientela e custos de substituição, mas implicaram também em creditar reembolsos, transações adicionais, e transporte e descarte de material quebrado. Nenhuma das funções percebeu, contudo, que essas atividades de redução de custo na manufatura estavam, na verdade, aumentando o volume de devoluções. Parece que a manufatura estava usando empilhadeiras de 244 cm para colocar os paletes (que estavam embalados em plástico termorretrátil) em caminhões. Mas as áreas de armazenamento e remessa estavam utilizando empilhadeiras de 122 cm. Então, quando elas levantavam os pacotes, um dos paletes que estavam amarrados juntos se separava do outro por algumas polegadas e, assim, a última fila de lâmpadas costumava se quebrar. Como os paletes estavam amarrados, não dava para perceber essa quebra. A descoberta só ocorria quando os clientes desembrulhavam os pacotes.

Se observarmos o processo total ponto a ponto, notaremos logo que as ações de manufatura foram contraproducentes. A economia de alguns centavos em cada palete estava custando milhões de dólares em mercadorias devolvidas, contabilidade complexa e perda de clientela. Mas, assim como em muitas organizações, as pessoas não observavam o processo geral, mas apenas sua parte no processo. Do seu próprio ponto de vista, a manufatura estava fazendo a coisa certa.

Assim como nas demais fontes de complexidade do processo, a falta de coordenação interfuncional não é intencional nem maliciosa; uma divisão da organização em geral não visa dificultar ou tornar mais complexo o trabalho das outras. Esses desalinhamentos são fruto da falta de visibilidade do processo ponto a ponto como um todo. As unidades não compreendem ou desconsideram as implicações de suas ações para outras atividades da empresa. Consoante com essa ausência de transparência, diferentes incentivos e metas também fomentam o desalinhamento. No caso da GE Lighting, a principal meta da manufatura era a redução de custos, enquanto a função de atendimento ao consumidor focava a satisfação do cliente. Apesar de essas metas não serem totalmente incompatíveis, elas exigem coordenação e possíveis *trade-offs*. Ao elevar seus próprios custos, a manufatura não apenas melhoraria o atendimento ao consumidor, mas também reduziria os custos gerais do negócio.

Cinco ferramentas para a simplificação de processos

As quatro fontes de complexidade de processos descritas neste capítulo estão sempre operando em algum nível em praticamente qualquer organização. **Essa é a má notícia!**

A boa notícia é que uma gama de ferramentas e abordagens avançadas e eficazes foram desenvolvidas nos últimos anos especificamente para combater a complexidade de processos. Todas essas ferramentas devem fazer parte do *kit* de ferramentas de simplificação, mas elas diferem em várias dimensões – velocidade, grau de rigor técnico e até que ponto envolvem pessoas na solução de problemas. Este capítulo começa descrevendo cinco dessas ferramentas:

1. Identificação de práticas recomendadas.
2. Mapeamento e reformulação de processos.
3. *Seis Sigma* e *Lean*.
4. Resultados rápidos.
5. *Work-Out*.

Identificação de práticas recomendadas: compartilhamento e comparação

Uma primeira ferramenta para simplificar processos é a verificação de como eles são executados em diferentes empresas ou setores e depois escolher a abordagem mais adequada à sua situação.[5] Isso pode ser feito em diferentes unidades da mesma empresa, em duas ou mais empresas, ou em um setor inteiro. E também pode ser feito em um processo específico ou em um conjunto de processos relacionados.

Em uma empresa, uma abordagem de **práticas recomendadas** é especialmente útil para destacar e reduzir diferenças locais que se desenvolveram com o tempo ou que surgiram com fusões e aquisições. Por exemplo, quando a divisão de negócios norte-americana de serviços de aposentadoria da ING (*International Nederlanden Groep* - multinacional holandesa de produtos financeiros) comprou a empresa de registros de aposentadoria CitiStreet, em 2008, a CEO Kathy Murphy, o diretor de RH Randy Bailin e os demais membros da alta gerência perceberam que as duas empresas adotavam processos diferentes para atender aos principais segmentos do mercado, para priorizar novos produtos e para tratar de questões de atendimento ao consumidor. Em vez de insistir que a CitiStreet deveria simplesmente adotar as práticas da ING ou permitir a continuidade de práticas distintas, formaram-se equipes para identificar e compreender as diferenças, avaliar as vantagens e desvantagens, e desenvolver recomendações para a adoção de um processo ou do outro, ou algum tipo de combinação dos dois. Essa abordagem logo conduziu a uma redução das diferenças locais, com a adoção de alguns processos de cada lado – o que facilitou a integração da CitiStreet na ING.

Entre as empresas, o compartilhamento de práticas recomendadas costuma sugerir oportunidades de tornar processos informais mais rigorosos ou disciplinados. Há muitos anos, quando o conselho executivo corporativo da GE se reuniu com os altos executivos da Walmart, ele foi informado sobre o processo de "inteligência rápida de mercado" da Walmart para a captura e a avaliação rápidas de dados do mercado. A GE, que não empregava um procedimento formal para fazer isso, rapidamente adaptou o processo para ajustá-lo ao seu próprio modelo de negócios.

Veja algumas sugestões de como fazer a identificação e o compartilhamento de práticas recomendadas:

- Designar equipes para pesquisar as diferentes práticas e desenvolver recomendações.
- Reunir gerentes de diferentes áreas ou empresas para compartilhar práticas.
- Enviar gerentes para visitas de campo em diferentes localidades.
- Contratar especialistas ou pesquisadores externos para a coleta de informações.

Seja qual for o método empregado, o maior valor de uma abordagem de prática recomendada é incitar a aprendizagem sobre processos alternativos. Esse cenário habilita a empresa a tomar decisões explícitas sobre formas de aumentar ao máximo a simplicidade e a eficácia do processo.

Em geral, a identificação de práticas recomendadas pode ser feita rapidamente; ela exige pouco tempo de preparo ou configuração. Além disso, a comparação de práticas raramente exige muito rigor técnico ou dados detalhados. Ela só requer participantes que estejam envolvidos no processo ou que tenham conhecimento suficiente sobre o assunto para descrever o que ocorre em termos relativamente amplos, permitindo, assim, fazer comparações básicas. Se houver um exagero de rigor ou detalhamento, outras ferramentas poderão ser empregadas. Dependendo de como ela for executada, a identificação de práticas recomendadas poderá ser altamente envolvente, pelo menos para aqueles diretamente envolvidos na exploração e discussão.

Mapeamento e reformulação de processos: tornando o implícito explícito

Para simplificar um processo, você precisa conhecê-lo melhor, ou seja, saber quais são as etapas evolvidas, a sequência utilizada, quem é responsável pela sua execução.[6] Em alguns casos, como, por exemplo, os processos principais de manufatura e engenharia, essas informações são escritas em manuais de procedimentos ou em outros documentos. Mas, em muitos casos, o processo real é obscuro. Talvez as pessoas envolvidas compreendam parcialmente o processo, mas ninguém tem uma visão holística. E sem uma compreensão básica de como o processo todo realmente funciona, as tentativas de simplificar ou melhorar podem soar como tentar adivinhar o que existe ao seu redor em um dia de forte neblina – você sabe que existe algo ali, mas não consegue encontrar nem tocar em nada.

O **mapeamento de processos** é uma ferramenta essencial para tornar processos obscuros visíveis; assim, eles podem se avaliados e reformulados. Esta é uma abordagem estruturada para documentar as principais atividades, os pontos de decisão, o ritmo, as interdependências e os atores – com elementos gráficos relativamente simples que oferecem a todos uma visão compartilhada do processo. E isso pode ser aplicado às quatro fontes de complexidade de processos. O mapeamento de processos pode realçar diferenças setoriais; ele pode explicitamente destacar ciclos e etapas adicionais que se tornaram institucionalizados; ele pode mapear *cow paths* informais; e pode ajudar a criar a transparência ponto a ponto em processos que englobam diversas funções e áreas de negócios.

Embora o mapeamento de processos possa ser conduzido em detalhes, em geral é mais eficaz quando mantido em um nível relativamente alto. A abordagem também é mais eficaz quando adotada de tal forma que envolva vários *stakeholders* e habilite-os a conversar uns com os outros sobre isso.

Por exemplo, quando a ConAgra desejava simplificar o processo de desenvolvimento de propagandas para produtos de marca, ela reunia gerentes de produtos, escritores criativos, compradores da mídia, pesquisadores do consumidor, gerentes financeiros, entre outros – profissionais de dentro da empresa e também agências de publicidade parceiras. Com a ajuda de um de meus colegas, os participantes fizeram anotações delicadas sobre todas as etapas envolvidas. Os participantes fixaram essas anotações em um quadro de avisos e depois mudaram a sua posição para capturar a sequência real dos eventos – incluindo decisões do tipo *go/no-go* (passar, não passar), apresentações, tempo de espera e outros aspectos de como as coisas de fato ocorreram. O resultado desta visão "como tal" do processo atual foi uma miríade de etapas, muitas das quais redundantes, espalhadas pelo quadro e vinculadas umas às outras de diferentes maneiras. Abaixo desta visão, os membros da equipe fizeram um esquema do processo "como seria" que desejavam criar, cortando ciclos e etapas adicionais para reduzir o tempo geral em muitas semanas.

O valor principal do mapeamento de processos é permitir que *stakeholders*, que enxergam o processo sob diferentes ângulos vantajosos, desenvolvam uma visão em comum do que está sendo feito no momento e do que pode ser feito de outra maneira. Com este objetivo em mente, o mapeamento de processos pode ser realizado com maior rapidez e, preferivelmente, com um alto grau de envolvimento e níveis médios de rigor técnico. Se for necessário, o rigor pode ser ainda maior. Por exemplo, membros da equipe podem avaliar o volume envolvido em determinadas etapas ou verificar subetapas ainda mais detalhadas.

Mapas de processos podem ser o ponto de partida de esforços de reengenharia que são mais analíticos. Nesses casos, o mapa de processos gerado por uma equipe interfuncional é encaminhado a um grupo de tarefas que analisa cada uma das etapas em maior profundidade, avalia o tempo e os recursos alocados e por fim desenvolve um mapa de processos pós-reengenharia. Apesar de esse tipo de abordagem analítica, orientada a dados ser muito poderosa, ela também apresenta o risco de excluir os *stakeholders* de franquias. Quando as pessoas se sentem excluídas do desenvolvimento do novo processo, elas tendem a criar resistência ao mesmo, dificultando ainda mais a implementação e, às vezes, levando ao seu fracasso.

Seis Sigma e Lean: o pacote inteiro

A longo prazo, talvez a forma mais eficaz de atingir a simplificação de processos seja reduzir ou eliminar a variação.[7] Se um processo é estável e previsível, fica mais simples gerenciá-lo e aperfeiçoá-lo. Esse é o objetivo fundamental das abordagens *Seis Sigma* e *Lean*.

A meta do *Seis Sigma* é atingir menos de seis desvios padrão (a letra grega sigma, σ, é o símbolo estatístico do desvio padrão) da média em um processo em andamento. Na prática, isso corresponderia a menos de 3,4 de defeitos ou erros em um milhão de itens – o que se aproxima da qualidade **perfeita**. É como acertar uma bola de golfe um milhão de vezes e fazê-la percorrer as mesmas jardas ao longo do campo em todas as tacadas, exceto quatro.

Como uma metodologia de simplificação de processos, o *Seis Sigma* foi desenvolvido por Joseph M. Juran e W. Edwards Deming, dois engenheiros norte-americanos, especialistas em qualidade, quando eles foram convidados a visitar o Japão no pós-Segunda Guerra Mundial para ajudar a indústria japonesa a aprender como produzir produtos de alta qualidade para que "fabricado no Japão" não fosse sinônimo de imitação barata. O sucesso dos japoneses foi tamanho que, na década de 1970, os fabricantes de automóveis japoneses já tinham superado os similares norte-americanos em termos de qualidade, custo e velocidade de entrada no mercado. Muitos outros setores seguiram o mesmo caminho, levando empresas norte-americanas e ocidentais, começando pela Motorola, a adotarem suas próprias abordagens do *Seis Sigma*. Desde a década de 1990, milhares de organizações de diferentes tipos, portes e setores optaram pelas ferramentas *Seis Sigma* para gerar aperfeiçoamentos em processos.

Lean é uma metodologia para a simplificação de processos que se concentra na redução do **desperdício de tempo**, movimentação e nas etapas em fluxos de processos. Originalmente aplicado a operações de manufatura, ela foi amplamente usada para eliminar etapas sem valor agregado e reduzir o custo da complexidade em processos de suporte e prestação de serviços. Um de seus atrativos é o potencial de implantação rápida através do que é denominado evento *kaizen* (melhoria incremental), em que as pessoas envolvidas em um processo trabalham juntas intensivamente por três a cinco dias para de fato reformular o processo (ou até mesmo mover o equipamento em uma fábrica de manufatura). Mais recentemente, o *Lean* e o *Seis Sigma* foram combinados, ou empregados em combinação, como o *Lean Seis Sigma*.

As organizações que implantam a abordagem *Lean*, *Seis Sigma* ou *Lean Seis Sigma* costumam treinar consultores internos com diferentes níveis de *expertise* e experiência para torná-los *green belts* (faixas verdes), *black belts* (faixas pretas) e *master black belts* (faixas pretas master). Esses especialistas internos trabalham com gerentes e equipes em projetos específicos de simplificação e aperfeiçoamento na empresa inteira.

Por exemplo, o North Shore-LIJ Sistema Único de Saúde, que inclui mais de quinze hospitais independentes e outras instituições de saúde e é o maior empregador em Long Island, desenvolveu uma iniciativa de *Seis Sigma* em grande escala, iniciada em 2002. Em cinco anos, o Centro de Aprendizagem e Inovação centralizado treinou vários gerentes e profissionais da saúde no uso de ferramentas *Seis Sigma*. Como parte do treinamento, cada pessoa trabalhou em um projeto específico de simplificação e aperfeiçoamento de processos, sob a supervisão de *master black belts*. Esses especialistas inicialmente vinham de fora, mas no final tornaram-se crias da casa. Nesse período, dez iniciativas de projetos cobriam mais de noventa processos diferentes no sistema inteiro – cada um visando concretizar aperfeiçoamentos específicos e mensuráveis através da redução de variação nos processos. Duas ilustrações mostrarão como isso funcionava.

A utilização de salas de cirurgia com eficácia é um grande desafio para hospitais pois a maioria deles tem uma capacidade limitada de salas de cirurgia. As salas precisam atender as cirurgias programadas e as cirurgias de emergência. Em geral, é difícil precisar a duração ou a ocorrência do último caso. Do ponto de vista financeiro e de atendimento ao paciente, é importante que o espaço seja alocado da melhor forma possível. Para fazer diferença nessa área, um projeto se concentrou no aumento do cumprimento de horário de início programado para o primeiro caso em cada sala em determinado dia, aumentando, assim, as chances de evitar ou reduzir a reserva mais tarde no dia. Para fazer isso, a equipe identificou e eliminou fontes frequentes de atraso, desenvolveu novas abordagens para reservar as salas e criou medidas para acompanhar o progresso. O resultado foi uma redução nos atrasos de uma média de 17,6 minutos (com um desvio padrão de 11 minutos) para uma média de 4,8 minutos (com um desvio padrão de 4 minutos).

Pode parecer simples a tarefa de admitir pacientes e encaminhá-los para um quarto, mas, na realidade, isso envolve uma grande dose de complexidade e variabilidade – verificar se os quartos estão limpos e disponíveis nos locais certos e nos horários certos, providenciar toda a documentação e gráficos necessários, e transportar em macas ou cadeiras de roda pacientes que não conseguem caminhar sem ajuda. Diversos projetos, portanto, focavam essas questões. Por exemplo, um projeto reduziu em 60% o tempo de notificação de um leito pronto através da melhoria na coordenação e na comunicação entre vários departamentos, e um outro reduziu em 40% o tempo de transporte do Departamento de Emergência para os quartos dos pacientes, reduzindo a variação de 49 para 26 minutos.

Como as abordagens *Seis Sigma* e *Lean* destacam a redução da variação de processos e a eliminação de etapas sem valor(inúteis), eles incluem um nível considerável de rigor técnico – coleta de dados, análise estatística, ferramentas de mensuração, controle de processo estatístico e muito mais. Essas ferramentas e abordagens exigem no início bastante treinamento para profissionais. Cada projeto exige tempo para passar pelo chamado ciclo DMAIC (**definir, mensurar, analisar, incrementar** e **controlar**) – um conjunto estruturado de etapas para aplicar as ferramentas técnicas. Em quase todos os casos as abordagens *Seis Sigma* e *Lean* consomem bastante tempo. Em função do conhecimento técnico especializado envolvido, elas costumam reunir relativamente poucas pessoas, focando os *stakeholders* diretos e os gerentes.

Resultados rápidos: quebrando barreiras rapidamente

A identificação de práticas recomendadas, o mapeamento de processos e as ferramentas *Seis Sigma* e *Lean* são formas lógicas e analíticas de avaliar e reformular processos complicados.[8] Mas, às vezes, a análise e a lógica não são suficientes. Padrões antigos podem ser tão poderosos que toda a lógica do mundo não será capaz de levar à simplificação. Nesses casos, talvez seja necessário adotar uma abordagem diferente, capaz de quebrar barreiras à mudança e dar impulso à simplificação de processos.

Por exemplo, muitos anos atrás, a Waterside Power Station da Consolidated Edison, na cidade de Nova York, enfrentou um problema de derramamentos de substâncias químicas. Uma das maiores estações de produção de vapor de Manhattan, a Waterside continha quilômetros e mais quilômetros de tubos cheios de válvulas, bombas e tanques repletos de toda espécie de substâncias químicas e outros líquidos, em geral sob pressão. Nesse tipo de cenário, derramamentos e vazamentos são não apenas ineficientes e caros, mas também perigosos para os trabalhadores e para o meio ambiente. O problema precisava ser resolvido, mas a abordagem tradicional de identificar derramamentos, avaliar as causas-raiz, desenvolver procedimentos de manutenção preventiva e reeditar manuais de políticas não funcionava mais. Vazamentos e derramamentos ainda ocorriam na fábrica inteira. O comportamento básico de operadores, pessoal da manutenção, fornecedores, engenheiros e muitas outras pessoas que trabalhavam na fábrica (todos de alguma forma contribuíram para os derramamentos e vazamentos) não foi alterado com a chegada de um novo manual de procedimentos, que levou meses para ficar pronto.

Para quebrar essa barreira, o gerenciamento da Waterside incumbiu uma equipe de prevenção a derramamentos de verificar a infraestrutura do sistema de substâncias químicas na fábrica e implementar uma estratégia para reduzir os derramamentos, em cem dias. Com esse intuito a curto prazo e resultados rápidos em mente, a equipe definiu a meta de conseguir zerar os derramamentos no mês de maio – dois meses depois da data inicial do projeto. Para atingir essa meta, a equipe selecionou três subprocessos que contribuíam para os derramamentos e vazamentos: liberação de substâncias químicas, projeto e manutenção de válvulas e manutenção de um sistema específico de bombeamento de substâncias químicas que era essencial às operações da fábrica. Em seguida, a equipe pediu a vários funcionários, gerentes e fornecedores que trabalhavam nessas áreas que colaborassem com sugestões e soluções para eliminar derramamentos e vazamentos. Ao mesmo tempo, a equipe criou um programa de conscientização geral que ajudou todos a compreender a importância da prevenção contra derramamentos – e os níveis atuais de desempenho.

A partir da adoção dessas medidas, logo surgiram ideias para reduzir e evitar derramamentos. A equipe analisava as ideias apresentadas e trabalhava com as áreas apropriadas para implementá-las. Muitas (senão a maioria) das ideias eram relativamente modestas e fáceis de serem implementadas. Por exemplo, os fornecedores e a fábrica adquiriram em conjunto bandejas de contenção de derramamentos para captar o excedente de entregas; placas laminadas foram preparadas e fornecidas aos mecânicos com os valores de torção corretos para válvulas específicas, a sequência de parafusos certa e um diagrama com a terminologia de válvulas; um acompanhamento semanal de problemas conhecidos em algumas válvulas foi definido como um procedimento operacional da fábrica. Logo a fábrica inteira estava concentrada em ter maio como o mês livre de derramamentos. Enquanto a administração ficava surpresa com a ausência de derramamentos na fábrica por durante 29 dias em um total de 31 dias, os funcionários e os membros da equipe na verdade estavam decepcionados com os três pequenos derramamentos que ocorreram. Esse tipo de comprometimento generalizado em melhorar os resultados do processo ajudaram a Waterside a manter um índice bem menor de derramamentos por muitos anos a partir daí.

O objetivo da abordagem de resultados rápidos é utilizar a tendência natural das pessoas à ação como um catalisador da simplificação imediata de processos. Em muitas situações, a análise e o estudo podem se tornar desculpas para manter o *status quo* e evitar uma mudança real nos processos: a síndrome "**não poderemos fazer nada antes de termos em mãos todos os dados**". Somado a isso, quando estudos e análises são demorados, as condições mudam de forma que as recomendações talvez não sejam mais o alvo.[9] A abordagem de resultados rápidos força a questão – não deixar outra opção às pessoas senão descobrir como o processo pode se simplificado, otimizado e aperfeiçoado em pouco tempo - e a necessidade de fazer ajustes à medida que surgem novas condições.

Projetos de resultados rápidos também demandam um pouco de encenação que ajude a empolgar e energizar as pessoas em relação à simplificação de processos. A ideia de um mês livre de derramamentos ou da conquista de uma meta distendida em cem dias gera empolgação, foco e prazer que podem contribuir muito para a superação da ansiedade, do cinismo ou da resistência à mudança. Nesse sentido, a **abordagem de resultados rápidos** é altamente envolvente, não apenas para a equipe que trabalha nas mudanças de processos, mas também para todos os que estão de certa forma envolvidos nelas. Com o foco em meros cem dias, tudo parece realmente rápido. Entretanto, uma abordagem de resultados rápidos costuma ter bem menos rigor técnico ou menos exigências do que o *Seis Sigma* ou o *Lean*.

Work-Out: criando uma cultura de simplificação de processos

A simplificação de processos não é um evento que ocorre uma só vez.[10] Como as organizações são organismos vivos e os processos continuam a evoluir e gerar complexidade, a simplificação de processos precisa ser **contínua**. Mas para sedimentar-se com o tempo, a simplificação precisa abranger não apenas atividades do trabalho, mas também o contexto social geral em que se dá o trabalho, incluindo a motivação, as atitudes, as expectativas e as emoções das pessoas – a chamada **cultura** de uma organização. A abordagem *Work-Out* foi criada com este intuito: aperfeiçoar processos em curto prazo e moldar uma cultura de contínua simplificação de processos de longo prazo.

A abordagem *Work-Out*, citada várias vezes neste livro, foi originalmente criada por Jack Welch, então CEO da GE, no final da década de 1980. Sua ideia era estabelecer fóruns em que várias pessoas da empresa inteira pudessem se reunir rapidamente para identificar e tomar decisões sobre oportunidades de retirar trabalhos desnecessários do sistema (daí o termo *Work-Out*).

Além de eliminar o trabalho desnecessário, Welch também queria mudar a cultura da GE para adotar o aperfeiçoamento e a simplificação de processos como um procedimento contínuo. A meta era criar uma organização caracterizada pela **"velocidade, simplicidade e autoconfiança"**. Isso significava que a **mudança** ocorreria rapidamente e prontamente, acompanhando as mudanças nas condições comerciais e econômicas, que etapas e atividades desnecessárias seriam eliminadas continuamente e que as pessoas teriam autoconfiança suficiente para desafiar o modo tradicional de fazer as coisas e assumiriam riscos para fazê-la de maneira diferente. Para promover isso, as sessões de *Work-Out* foram projetadas intencionalmente para maximizar o diálogo sobre os problemas reais nos negócios, dar uma oportunidade de desenvolver soluções específicas e mensuráveis para os problemas e forçar altos gerentes a tomar decisões imediatas sobre essas soluções. Na prática, isso significava que uma sessão típica de *Work-Out* de dois dias deveria incluir de sessenta a cem pessoas, todas focadas em diferentes aspectos de um processo de negócios. Após o compartilhamento de algumas informações em comum, pequenos grupos tratariam de subprocessos ou aspectos diferentes do problema e desenvolveriam recomendações. As recomendações seriam apresentadas a um gerente sênior em uma **"reunião coletiva"**, em que todos poderiam colaborar com o diálogo, e após a qual esse gerente tomaria uma decisão **sim-ou-não** de cara. Quando a resposta era **sim**, a pessoa que fizera a recomendação ficaria encarregada de executá-la. A Figura 4.1 resume o processo de *Work-Out*.

FIGURA 4-1
Resumo do *Work-Out*

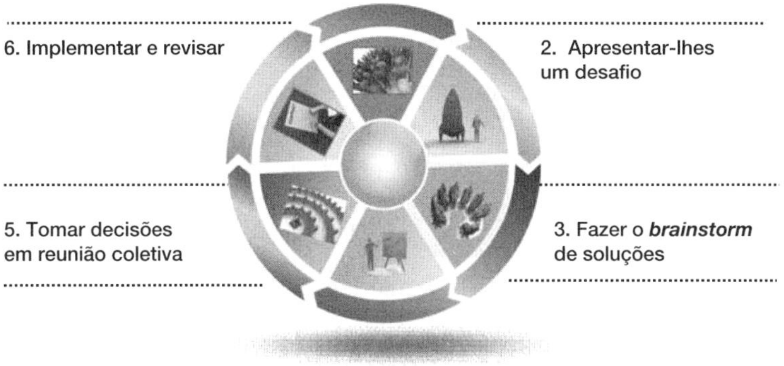

1. Reunir as pessoas
2. Apresentar-lhes um desafio
3. Fazer o *brainstorm* de soluções
4. Oferecer recomendações
5. Tomar decisões em reunião coletiva
6. Implementar e revisar

Desde a implantação do *Work-Out* na GE, ele foi adotado e adaptado por centenas de outras organizações e utilizado amplamente para simplificar e aperfeiçoar processos de vários tipos:

- A Armstrong World Industries usou o *Work-Out* para agilizar a resposta a reivindicações de clientes.

- O departamento de Transportes de Connecticut usou o *Work-Out* para desenvolver ideias de como agilizar reparos nas estradas.

- O Ministério da Saúde da Eritreia (um país na África) conduziu *Work-Out*s para melhorar a implementação de sua estratégia de prevenção e redução do HIV-AIDS.

Em todos esses casos, bem como nos demais casos apresentados neste livro, o *Work-Out* levou à simplificação de um processo específico e também ajudou a criar uma cultura de contínuo aperfeiçoamento, com maior compreensão de processos, maior envolvimento de *stakeholders* e tomada de decisões com maior rapidez.

Muitas empresas incorporaram algumas das outras ferramentas descritas neste capítulo ao *Work-Out* como meio de aprofundar ou acelerar a simplificação de processos. Por exemplo, os resultados de estudos de práticas recomendadas podem ser apresentados no início de uma sessão de *Work-Out* para estimular a reflexão. Ou pessoas de diferentes partes de uma empresa podem utilizar parte da sessão de *Work-Out* para compartilhar e comparar procedimentos usados para concluir tarefas. Da mesma forma, *Work-Outs* podem ser projetados de acordo com mapas de processos de alto nível, de tal modo que grupos distintos se concentrem em uma parte do processo geral, ou o mapeamento de processos possa de fato ser realizado durante o evento de *Work-Out*. As ferramentas *Seis Sigma* e *Lean* também podem ser incorporadas aos *Work-Outs* para oferecer aos participantes recursos adicionais de solução e análise de problemas. Os *Work-Outs* também podem ser usados para acelerar o progresso de uma equipe de *Seis Sigma*, reunindo *stakeholders* para resolver problemas e tomar decisões mais rápido após a coleta e análise de dados.[11] Finalmente, projetos de resultados rápidos podem ser comissionados como resultados do *Work-Out* para garantir que as recomendações sejam realmente implementadas em cem dias ou menos.

A ferramenta *Work-Out* em si tem menos rigor técnico que algumas das demais abordagens, embora exista a possibilidade de combinação de abordagens. O verdadeiro ponto forte do *Work-Out* é sua capacidade de envolver um grande número de pessoas e fomentar a simplificação de processos rápida e duradoura.

Simplificação de processos: conectando foco, motivo e tratamento

Nos últimos 25 anos, a maioria das empresas adotou a noção de que processos precisam ser periodicamente reformulados e simplificados – levando ao amplo uso das cinco ferramentas ou abordagens descritas aqui. Apesar das distinções entre as ferramentas em termos de velocidade, grau de rigor técnico e nível de envolvimento do funcionário (ver Tabela 4.1), todas elas promovem a noção de que o trabalho pode ser simplificado através da verificação de processos dentro das organizações e nas fronteiras entre organizações.

O segredo para usar essas ferramentas visando a simplificação de processos, contudo, é o alinhamento entre **foco** *(what)*, **motivo** *(why)* e **tratamento** *(how)*: foco (os processos em questão), motivo (por que eles se tornaram complexos demais) e tratamento (a melhor forma de tratá-los). Quando não tentamos encontrar respostas para essas três perguntas, corremos o risco de empregar energia e recursos em processos menos significativos e de tentar usar ferramentas não apropriadas para o desafio em questão.

O ponto de partida da simplificação de processos é, portanto, perguntar a si mesmo que processos trariam maior recompensa se fossem simplificados. Analise várias categorias de possibilidades: processos operacionais essenciais que são vitais para o sucesso da organização; processos de contexto que precisam ser executados com o máximo de eficácia e simplicidade, mas que têm a possibilidade de serem executados por unidades de serviço ou por terceiros; e processos de governança que são críticos para a tomada de decisão, alocação de recursos, gerenciamento de riscos e controle.

Para cada processo selecionado, a próxima etapa é perguntar por que esse processo se tornou complexo demais ou ineficaz. Nesse contexto, procure começar pela reflexão apresentada na primeira parte deste capítulo: as diferenças locais precisam ser conciliadas? Os ciclos e as etapas foram agregados como resultado de problemas anteriores que complicam o processo? O processo se beneficiaria de uma maior formalidade e rigor? O processo precisa adotar uma perspectiva ponto a ponto para oferecer maior transparência e alinhamento em diferentes funções?

Através das respostas a essas perguntas, você agora pode começar a selecionar uma ferramenta ou abordagem específica - o **"como"** na simplificação de processos. Conforme observado na Tabela 4.1, algumas dessas ferramentas podem ser aplicadas com maior rapidez do que outras; algumas são altamente técnicas e podem ser úteis em processos operacionais detalhados; outras são mais estimulantes e provavelmente serão mais úteis em processos que envolvem diversas áreas funcionais e departamentos.

Se você ingressar nesse processo de reflexão e tentar combinar o processo, o problema e a ferramenta, aumentará em muito suas possibilidades de sucesso na **simplificação contínua de processos**.

TABELA 4.1
Comparando ferramentas para a simplificação de processos
(A = alto; M = médio; B = baixo)

Ferramenta	Velocidade	Rigor técnico	Envolvimento das pessoas	Comentários
Melhores práticas	M	B	M	Ajuda a estimular e provocar novo pensamento.
Mapeamento de processos	A	M	A	Dá visibilidade aos processos.
Seis Sigma* e *Lean	B	A	B	Força mudanças orientadas a dados.
Resultados rápidos	A	B	M	Rompe a resistência e barreiras ocultas.
Work-Out	A	B	A	Conduz a mudanças de processos e culturais; pode incorporar outras ferramentas.

CAPÍTULO 5

Driblando comportamentos que levam à complexidade

Os capítulos anteriores abordaram três das principais maneiras pelas quais gerentes contribuem inconscientemente para a complexidade – na forma como projetam as organizações, na forma como gerenciam o portfólio de produtos e serviços e na forma como desenvolvem processos para concretizar tarefas em tempo hábil. Mas os gerentes também contribuem para a complexidade por vias mais sutis e menos visíveis - na forma de oferecer **orientação**, **liderança** e **direção** para uma organização. Este capítulo revela alguns desses comportamentos pessoais ocultos e, na maioria dos casos, inconscientes. Assim, você pode lidar com eles com mais eficácia e se tornar um incentivador da simplificação na sua organização.

Era uma vez dois gerentes...

Andrea e Andre trabalham como gerentes na mesma empresa – e seus comportamentos ilustram como gerentes podem tornar o trabalho mais fácil ou mais complexo para os outros (e para si próprios). Embora os fatos apresentados se baseiem em pessoas reais, os nomes foram trocados para proteger suas identidades.

Sob alguns aspectos, Andrea e Andre seguiram carreiras semelhantes. Ambos estão na faixa dos quarenta anos de idade, conseguiram atingir uma boa classificação com suas empresas de produtos de consumo nos últimos dez anos e agora estão no comando de divisões grandes com a responsabilidade de responder por lucros e perdas. Andrea trabalhou para muitas outras empresas antes de entrar para esta empresa, fez curso noturno para obter um MBA e ainda arrumou tempo para criar dois filhos. Com uma vida tão atribulada, Andrea se tornou uma gerente eficiente, resoluta que atribui muitas responsabilidades ao seu pessoal. Já Andre entrou na empresa diretamente após deixar uma escola de negócios da Ivy League. Ele começou atuando em um programa de treinamento para gerentes de *marketing* antes de se tornar um gerente de produtos e acabar no comando de sua própria divisão. Ele é considerado um grande estrategista que compreende as tendências dos clientes e como tomar dianteira. Ele gosta de estar diretamente envolvido em todas as questões referentes aos seus negócios.

Como a maioria dos gerentes, Andrea e Andre apresentam alguns comportamentos que levam à simplicidade – e alguns que geram complexidade. Andrea acredita realmente que gerentes individuais devem assumir a responsabilidade pelo desempenho e por resultados. Ela trabalha com seu pessoal para estabelecer metas claras para o ano, bem como para cada período de relatórios mensais. Ela faz uma varredura rigorosa dos relatórios financeiros e conduz análises individuais com seus subordinados diretos para verificar se eles superaram os números (as metas). Quando ocorrem problemas, ela ajuda a identificar soluções e verifica se elas são executadas. Seu lema é: **não desperdiçar tempo**.

Na visão do pessoal que trabalha com ela, Andrea mantém as coisas simples. Todos sabem o que precisam concretizar. Cada um tem um plano de ação para fazer as coisas acontecerem. E cada um tem um marcador e um processo de revisão para saber o andamento das coisas. Aplicando uma mentalidade desenvolvida quando praticava atletismo na faculdade, Andrea trata os negócios como um encontro. Seu pessoal compete contra a concorrência em um campo de jogo público, onde mantém um quadro de pontuação que registra os tempos.

Só que Andrea não reconhece que nem sempre seus negócios são um esporte de desempenho individual. A maior parte do tempo, seus negócios exigem o trabalho em equipe, a colaboração, a comunicação e *trade-offs* (escolhas) entre diferentes objetivos. Nesse sentido, mais parece um jogo de basquete do que um encontro de atletismo: os jogadores precisam compartilhar a bola enquanto executam diferentes funções e trabalham juntos como uma equipe coordenada. Ainda assim, Andrea faz pouco para promover o jogo em equipe na empresa. Ela não convoca reuniões periódicas com o *staff* e, na verdade, não tem muita paciência para reuniões em geral, pois prefere sessões um a um, chamadas telefônicas e *e-mails*. Como resultado, seus gerentes muitas vezes acabam se esbarrando uns com os outros quando suas metas e prioridades diferem. Por exemplo, quando alguns de seus gerentes de marca acabam competindo entre si pelos mesmos fundos de despesas comerciais. Isso levou a confrontos e mal-estar, além de horas dedicadas ao replanejamento e recálculo de números para divulgação e promoção, bem como reuniões desnecessárias, emails, apresentações e aplicações em geral. E, ao final, ninguém estava satisfeito com os resultados.

Andre tem um estilo bem diferente. Ao destacar o pensamento estratégico, ele considera essencial reunir a equipe para que todos compreendam o cenário geral e contribuam para as decisões sobre como avançar. Ele conduz uma reunião trimestral fora da empresa para analisar o progresso e atualizar os planos estratégicos. Ele também promove encontros semanais do *staff* e várias reuniões específicas para compartilhar informações e resolver problemas. Ele acredita realmente na colaboração e no envolvimento de todos em defesa da mesma causa. Esse foco no alinhamento e no trabalho em equipe significa que todas as pessoas que trabalham na organização dele adotam uma estrutura clara e simples para atingir as metas estratégicas da divisão e uma linha de visão entre seu próprio trabalho e seus objetivos pessoais e da equipe.

Mas Andre não percebe que seu estilo de liderança leva grande parte de seu pessoal a sentir que a **estratégia** é um alvo em movimento e que eles não têm tempo suficiente para de fato implementá-la. Grande parte do tempo é dedicado a reuniões, análise de dados e relatos sobre os estudos mais recentes de consultores sobre as tendências do mercado e de consumo. Assim, sobra pouco tempo para o planejamento tático e a execução. Portanto, apesar de o grande cenário estratégico ser relativamente claro, respostas táticas de curto prazo são incertas. Toda vez que um gerente de Andre deseja criar um programa (por exemplo, um plano de gastos comerciais visando promover marcas específicas), é necessário submeter as ideias a outros gerentes, fazer ajustes iterativos para deixar tudo alinhado, conectar o plano à estratégia e, depois, apresentar o produto final à equipe inteira. O resultado é que muitos planos táticos chegam ao mercado tarde, não funcionam conforme anunciado e precisam ser refeitos.

Andrea e Andre são gerentes típicos. Alguns de seus padrões de liderança geram simplicidade e tornam mais fácil para as pessoas obter resultados; outros têm o efeito exatamente oposto. Os dois gerentes **"simplificam"** e **"complexificam"** ao mesmo tempo, apesar de seus estilos de gerenciamento serem um o oposto do outro. Se você dissesse a eles que seu estilo de liderança está causando complexidade, eles ficariam surpresos ou até mesmo espantados. Nenhum deles se sentiria como alguém que agrega complexidade. Seja qual for o nível de complexidade gerada, ela é não é deliberada e, muitas vezes, ocorre de maneira inconsciente.

O ponto cego da complexidade: tudo em excesso faz mal

É curioso observar que Andrea e Andre, gerentes inteligentes e conceituados, em geral não têm consciência da complexidade que geram em sua organização. E o mais surpreendente é que cada um consegue enxergar como o outro gera complexidade, mas não percebe as consequências de seu próprio comportamento. Por exemplo, Andrea acha que Andre dedica tempo demais a reuniões com o pessoal (ela denomina isso "sessões Kumbaya e andar às cegas em grupo") e sugere que ele seja mais diretivo com seus gerentes. Andre, por outro lado, está convencido de que Andrea é tão diretiva que seu pessoal depende demais dela para resolver conflitos e problemas; eles não têm as relações e a confiança necessárias para resolver os problemas sozinhos.

Mas é claro que, na realidade, Andrea e Andre estão certos. Todos nós temos **pontos cegos**, ou seja, características que os outros enxergam em nós, mas que nós mesmos não conseguimos enxergar. Por causa desses pontos cegos, gerentes precisam de *feedback* de outras pessoas para obter um cenário mais abrangente de seu próprio comportamento e de suas consequências. É por isso que o *feedback* de 360 graus e uma variedade de ferramentas associadas foram criados e aceitos como fatores que contribuem para o desenvolvimento da liderança.

Infelizmente, não basta oferecer *feedback* aos gerentes; essa é uma resposta simples demais. Se isso fosse suficiente, a maioria das organizações seria um modelo de simplicidade e eficiência. Além da falta de *feedback*, existe uma dinâmica mais profunda e mais sutil em ação: a maioria dos gerentes comandam suas organizações e unidades de determinada forma e acreditam francamente e profundamente que esse procedimento já é simples, direto, lógico e certo. Eles não têm a menor ideia de que, sem querer, estão gerando complexidade, que são parte do problema. **A culpa é dos outros, e não deles!**

Então, o que está acontecendo? Duas tendências humanas naturais mantêm diversos gerentes presos à escolha errada: supervalorização dos pontos fortes e fuga de áreas de desconforto.

Supervalorizando os pontos fortes

Robert Kaplan e Rob Kaiser, consultores de liderança que estudaram e trabalharam com milhares de gerentes, argumentam que a falha da maioria dos gerentes não está no que eles fazem, mas sim na **"supervalorização"**.[1] Gerentes têm êxito em suas carreiras porque aplicam determinados comportamentos e habilidades que tendem a funcionar para eles, na vida pessoal e nos negócios. Com o reforço do sucesso em mente, eles mantêm esses comportamentos e se baseiam neles ao assumirem cargos novos ou de maior responsabilidade. Com o tempo, um gerente pode contar com esses comportamentos como um conjunto de habilidades essenciais às quais ele recorre em momentos difíceis ou desafiadores. O envolvimento cada vez maior do gerente nesses comportamentos é justificado pelo fato de isso ter dado certo antes. O problema é que, em muitos casos, fazer a mesma coisa não leva necessariamente a obter os mesmos resultados. É como colocar pimenta demais na comida – em algum momento, ela fica incomível.

Essa dinâmica ajuda a explicar Andrea e Andre. Andrea sempre teve sucesso no passado com a definição de metas individuais e a ênfase na responsabilidade individual. Em seu cargo atual, contudo, ela supervaloriza o desempenho individual; assim, ela subestima o alinhamento da equipe. Andre faz exatamente o contrário. Ele supervaloriza a formação e a colaboração de equipes, o que sem querer o leva a subestimar o desempenho e a iniciativa individuais.

Evitando áreas de desconforto

Esta assimetria é ainda mais exacerbada pela ansiedade natural que a maioria das pessoas sente quando precisam fazer algo fora da sua zona de conforto. Andrea se sente à vontade em situações um a um, mas tem menos habilidades para trabalhar em grupos ou equipes. Como resultado, ela se sente atraída pelo trabalho individual e inconscientemente evita situações em equipe. Andre faz justamente o oposto. E ambos racionalizam suas escolhas caracterizando-as como "a melhor forma de concluir tarefas em tempo hábil".

Qualquer gerente (na verdade, qualquer ser humano) **evita**, inconscientemente e sem intenção, fazer coisas que o deixe ansioso ou desconfortável. Em vez disso, ocupa seu tempo com atividades que conheça e em que se sinta apto a realizar. As crianças evitam o dever de casa, os estudantes universitários "fogem" das teses e os gerentes evitam análises complexas de desempenho. E todos alegam a mesma coisa: estão ocupados demais e sem tempo para se dedicar a essas atividades difíceis e que geram ansiedade.

Pense na proposta a seguir. Digamos que uma CEO queira designar você para uma tarefa uma vez por semana, em que trabalhará diretamente com ela. Isso envolverá viagens interessantes e uma atividade empolgante, mas exigirá que você empregue o restante do tempo do trabalho para concluir essa tarefa. **Você aceitaria esta designação?** Já fiz a mesma pergunta a diversos gerentes em todos esses anos e 99% deles respondem que aceitariam a designação e encontrariam uma maneira de realizar seu trabalho com maior eficiência. Ao refletir melhor sobre os motivos disso, eles reconhecem que pelo menos 20% de seu tempo é dedicado regularmente a atividades que os mantêm ocupados e à vontade, mas que não agregam muito valor.[2]

O duplo impasse

Do ponto de vista psicológico, a maioria dos gerentes (como no caso de Andrea e Andre) destacam seus pontos fortes e, ao mesmo tempo, evitam as áreas que os deixam ansiosos e pouco à vontade – áreas que costumam ser o oposto dos pontos fortes dos gerentes. Este é o elemento contaminante da ineficiência no gerenciamento e uma grande fonte de complexidade em organizações. Ele não é lógico nem racional. Em geral, as pessoas têm dificuldade em desvendar e discutir sobre essas áreas. Seja como for, a situação continua existindo.

A ironia é que o *feedback* típico que Andre e Andrea recebem, bem como muitos gerentes como eles, na verdade acaba prestando um desserviço. A maior parte desses pareceres, até mesmo as melhores avaliações 360 graus, tendem a destacar os pontos fortes e os pontos fracos, seguindo o pressuposto de que gerentes devem se basear em seus pontos fortes e ajustar seus pontos fracos. Então, nesse caso, diriam a Andre que a formação de equipes era um ponto forte que ele deveria aprimorar ainda mais e que ele deveria pensar em como desenvolver mais responsabilidade individual. Mas a mensagem que ele deveria receber é que está exagerando nos aspectos de liderança da equipe, que deveria diminuir a preocupação com a formação de equipes, o que tornaria mais fácil para ele incentivar as metas e responsabilidades individuais. Conforme observado por Kaplan, o *feedback* deve estar mais associado à calibração do *dial* (seletor) em um conjunto contínuo de escolhas comportamentais (nesse caso, passando do foco na equipe para o foco individual) e não com foco absoluto em pontos fortes e pontos fracos.[3]

Grande parte da complexidade gerada pelo gerenciamento em organizações é fruto de comportamentos exagerados, ou seja, o excesso de algo bom e a escusa associada do seu oposto. Fica difícil enxergar essa dinâmica porque gerentes tendem a pensar que estão fazendo a coisa certa e da maneira certa. **Mas, a combinação do excesso da coisa certa, com a escassez do seu oposto, costuma dar errado!**

Comportamentos de liderança que causam a complexidade: incômodos não intencionais

O comportamento gerencial tende a criar complexidade em três áreas de liderança comuns – **estratégia e planejamento, definição de metas** e **acompanhamento e comunicação**. Para cada área listada nesta seção, pergunte a si mesmo se está dando atenção demais ou de menos, e se está aceitando os comportamentos complicados associados. Em seguida, poderá consolidar suas respostas no questionário apresentado na Tabela 5.1.

Estratégia, planejamento e orçamento: qual é o nível de detalhamento necessário?

Uma das tarefas de liderança mais importantes é o desenvolvimento de uma estratégia organizacional e a conversão dessa estratégia em termos operacionais e financeiros. Isso pode ocorrer em nível corporativo, divisional, departamental ou funcional. Toda organização adota algum tipo de processo para fazer isso de maneira coordenada (preferencialmente, através de um processo simples e direto). Independentemente do que esse processo exija, contudo, gerentes podem criar ou reduzir a complexidade de acordo com sua forma de conduzir o processo.

TABELA 5.1
Até que ponto contribuo para a complexidade?

Para cada um dos comportamentos gerenciais listados a seguir, marque com X na coluna da frequência que se aplica a você. Para os comportamentos mais frequentes, faça algumas anotações sobre como eles promovem a complexidade na sua organização. Depois, ao final do questionário, selecione uma ou duas áreas em que você gostaria de testar novos comportamentos que aumentariam a simplicidade. Para os comportamentos apresentados com frequência ou sempre, quais são as implicações em promover a complexidade? Quais oportunidades específicas você tem para fazer mudanças que impulsionariam a simplicidade?

Estratégia, planejamento e orçamento	Quase nunca	Ocasionalmente	Com frequência	Sempre
1. Busca a estratégia perfeita.	☐	☐	☐	☐
2. Delega a estratégia a outros.	☐	☐	☐	☐
3. Exagera no controle de cima para baixo.	☐	☐	☐	☐
4. Exagera na liberdade de baixo para cima.	☐	☐	☐	☐
5. Permite a execução contínua do ciclo de planejamento.	☐	☐	☐	☐

TABELA 5.1 *(continuação)*

A definição de metas e o ato de fazer exigências

6. Deixa de lado as expectativas.	☐	☐	☐	☐
7. Promove charadas	☐	☐	☐	☐
8. Aceita negócios inconstantes.	☐	☐	☐	☐
9. Define metas vagas ou distantes.	☐	☐	☐	☐
10. Não pensa nas consequências.	☐	☐	☐	☐
11. Define um excesso de metas.	☐	☐	☐	☐
12. Permite o desvio para preparos e estudos.	☐	☐	☐	☐
13. Faz exigências erradas do *staff* e dos consultores.	☐	☐	☐	☐
14. Define metas arbitrárias sem diálogo e adesão.	☐	☐	☐	☐
15. Faz o microgerenciamento.	☐	☐	☐	☐
16. Tolera o gerenciamento *laissez-faire*.	☐	☐	☐	☐
17. Não explica claramente as funções e responsabilidades.	☐	☐	☐	☐
18. Adota um planejamento de trabalho com pouca disciplina.	☐	☐	☐	☐

Comunicações	**Quase nunca**	**Ocasionalmente**	**Com frequência**	**Sempre**
19. Não solicita *feedback*.	☐	☐	☐	☐
20. Cria apresentações complicadas demais.	☐	☐	☐	☐

TABELA 5.1 *(continue)*

21. Não gerencia corretamente as reuniões.	☐	☐	☐	☐
22. Abarrota o mundo de *e-mails*.	☐	☐	☐	☐

Vejamos cinco dos comportamentos gerenciais mais comuns que levam à complexidade no cenário de planejamento e orçamento. Pude observá-los ao trabalhar por tantos anos com centenas de empresas. Pergunte a si próprio se tem realizado as seguintes tarefas:

1. Buscar a estratégia perfeita
2. Delegar a estratégia a outros
3. Exagerar na direção de cima para baixo
4. Exagerar na liberdade de baixo para cima
5. Permitir a execução contínua do ciclo de planejamento

A busca da estratégia perfeita

Quase todos reconhecem que não é fácil formular uma estratégia. Isso exige compreensão do mercado, reconhecimento das tendências, cuidadosa análise financeira, rastreamento da concorrência, sensibilidade do cliente, previsões tecnológicas e avaliação de suas próprias capacidades. É preciso fazer uma mistura criativa de todos esses pontos de dados para apresentar uma estratégia convincente e realista.

Em função da gama de colaborações em potencial e da sofisticação necessária para reunir tudo isso de maneira inteligente, alguns gerentes passam um número enorme de horas combinando dados, delegando estudos adicionais, analisando relatórios, conduzindo reuniões de planejamento e buscando criar a estratégia perfeita. Assim como poucos *chefs* de cozinha conseguem criar a mistura perfeita, poucos (ou talvez nenhum) gerentes criam a estratégia perfeita. Sempre existirão mais dados, mais análises e mais oportunidades. E o mundo continuará em transformação. Em determinado ponto, os gerentes precisam verificar os dados disponíveis, tirar conclusões e conduzir suas equipes à ação. O professor Henry Mintzberg, da Universidade McGill do Canadá, considera mais importante engendrar interativamente a estratégia com o tempo do que finalizá-la.[4] A coleta e a análise exageradas de dados (além da evitação de comprometimento com algumas implicações de ações importantes) podem gerar muita rotatividade de clientes e complexidade.

A disposição para deixar tudo por conta de alguém

Como o planejamento estratégico pode ser intimidador, alguns gerentes evitam o processo como um todo e **delegam** a tarefa a **outras pessoas** – a empregados que lidam com planejamento, a professores ou a consultores. Apesar de isso poder levar à busca da estratégia perfeita, o maior perigo da delegação de estratégias é que isso pode se tornar desconectado do comprometimento e da capacidade da organização e, assim, diminuir a probabilidade de implementação. Logo no início de minha carreira como consultor, estava na sala de um gerente ouvindo sua descrição de um problema estratégico desafiador. Após uma hora de conversa sobre diferentes abordagens, notei que sua prateleira estava repleta de pastas coloridas e perguntei do que se tratava. Ele respondeu: "Estes são os diversos estudos estratégicos de consultores e de colaboradores internos realizados sobre este problema." A delegação do planejamento estratégico a outras pessoas talvez ajude a reduzir o desconforto de um gerente com a necessidade de apresentar a resposta certa, mas, em geral, isso gera complexidade, pois as soluções propostas são de difícil compreensão e aceitação, exceto para o consultor.

A certeza de que o pai sabe melhor que ninguém

O planejamento e o orçamento estratégicos costumam exigir um equilíbrio entre a direção de cima para baixo e as contribuições de baixo para cima. Alguns gerentes criam complexidade, pois exageram na dose da orientação que parte do nível hierárquico superior. Eles acreditam que os gerentes em níveis hierárquicos inferiores e que ocupam outras funções precisam receber parâmetros estratégicos e orientação financeira – mas esses mesmos gerentes sêniores não querem se incomodar com o diálogo interativo com as pessoas sobre o que será necessário para atingir as metas e se elas são realistas. Na ausência desse diálogo, os gerentes subordinados podem criar planos com poucas chances de concretização, o que levará a ações de compensação às pressas mais adiante no ano. Um gerente de uma empresa chama esses elementos de seu plano anual de **"vá à luta"**, ou seja, as lacunas ou espectros que são inseridos no plano sem uma rota bem definida sobre como serão concretizados.

A liberdade para fazer a coisa certa ou exagerar na dose

Os gerentes também caem na armadilha oposta quando dão liberdade de ação demais nos níveis hierárquicos inferiores para desenvolver planos e orçamentos, sem oferecer orientação sobre o que é aceitável e requerido. Nesses casos, o gerente sênior talvez deseje que o plano seja desenvolvido a partir do nível hierárquico inferior para que exista um real comprometimento e um cenário realista do que será concretizado. É muito comum casos em que, depois que os gerentes de nível inferior trabalham muito para criar esses planos, alguém soma os números e descobre, para decepção de todos, que são insuficientes. Espalha-se a notícia de que todos precisam rever seus planos para suprir a lacuna entre os planos submetidos e o que é necessário para satisfazer os acionistas. Essas reciclagens do processo de planejamento geram muita agitação e aumentam a complexidade.

O interminável ciclo de planejamento

Por fim, gerentes sem querer também agregam complexidade ao ciclo de planejamento e orçamento devido à falta de disciplina em relação ao ritmo e à entrega de resultados. Isso costuma ser exacerbado por outras dinâmicas. Por exemplo, o excesso ou a escassez de orientação podem levar a múltiplos ciclos. Em outros casos, gerentes simplesmente hesitam em assumir uma posição em relação ao ritmo, pois não querem apressar os funcionários, forçar um trabalho de má qualidade ou desviar sua atenção de outras tarefas. Mas, ao levarem em conta tudo ao seu redor e não adotar a disciplina como parte do processo, os gerentes, na verdade, acabam contribuindo para desperdiçar mais tempo, aumentar a rotatividade de clientes e agravar a complexidade. Um gerente comentou certa vez: "Começamos o ciclo de planejamento no meio do ano e só terminamos em meados do ano seguinte."

Você se reconhece em algum desses comportamentos gerenciais? Em caso afirmativo, marque-o no questionário da Tabela 5.1.

Definição de metas e criação de demanda: a má calibração gera complexidade

Após criar estratégias e orçamentos (seja qual for o nível de complexidade envolvido), gerentes precisam convertê-los em metas específicas para departamentos, unidades, equipes e indivíduos. Em seguida, precisam verificar se as pessoas de fato colocam isso em prática. Esse ciclo fundamental, ou seja, a definição de metas e a verificação de sua execução, é uma fonte essencial de complexidade na maioria das organizações.

Por ironia, a maioria dos gerentes sabe a maneira certa de definir metas e designar tarefas, mas, por algum motivo, não agem dessa forma. Eles sabem que as metas precisam estar alinhadas com a estratégia geral, devem ser mensuráveis, devem ter elasticidade (para estimular a inovação e o aprendizado), mas também devem ser atingíveis. Os gerentes também sabem que é importante responsabilizar as pessoas pelas metas, solicitar planos de trabalho e prazos, análises de condução de atividades, e garantir recompensas e consequências por ter conseguido atingir a linha de chegada. Qualquer pessoa que conheça os fundamentos do gerenciamento ou tenha lido qualquer um dos milhares de textos de negócios existentes conhece o exercício básico. Mas a maioria dos gerentes, apesar de seu conhecimento sobre a maneira certa de definir e atingir metas, inconscientemente ignora ou evita de fato exercitar muitos desses comportamentos. Os professores da Stanford Business School Jeffrey Pfeffer e Robert Sutton utilizam a expressão **"lacuna do saber-fazer"** para denominar essa discrepância entre o que os gerentes sabem que devem fazer e como realmente agem.[5]

A incapacidade de definir metas concretas e claras, e também de acompanhá-las para garantir seu cumprimento, gera um alto grau de rotatividade de clientes e complexidade nas organizações. Imagine se a equipe de um barco a remo movimentasse os remos na água em tempos diferentes e em direções diferentes. Em vez de movimentar-se para a frente, o barco iria estancar, respingar água e ficar girando em círculos; os membros da equipe não apenas deixariam de ter um senso de dever cumprido, mas também ficariam zangados e frustrados uns com os outros. Sem a definição e o acompanhamento eficazes de metas, as organizações também ficam perdidas em vez de mover-se em uma direção com determinado propósito.

Meu colega Robert Schaffer observou há muitos anos que a capacidade de fazer exigências para outras pessoas foi uma das habilidades de gerenciamento mais subdesenvolvidas em termos universais.[6] Ele explica isso do ponto de vista psicológico. Todas as pessoas, inclusive os gerentes, têm um desejo humano básico de **ser querido**. Quando se veem forçados a desafiar outras pessoas a avançar e conquistar mais, os gerentes costumam temer, inconscientemente, que a presença de reações desconfortáveis levem-os a serem menos queridos ou admirados. Por exemplo, eles temem que a pessoa reaja negativamente em relação à meta ("Chefe, é muito difícil."), que a pessoa fique indignada por estar recebendo ordens ("Quem ela pensa que é?"), que a pessoa prove que a meta não faz sentido ("Chefe, acho que você não dispõe dos dados mais recentes.") ou que a pessoa aceite a meta mas não acredite nela ("Farei o que você achar melhor."). O gerente também pode temer que, se o subordinado assumir a meta e depois não atingir o resultado esperado, isso leve a um confronto desagradável sobre desempenho. Ele reflete: "O que fazer? Será que preciso demitir o cara, reduzir seu bônus ou discutir com ele?" Nesses casos, é mais fácil não pressionar demais as pessoas. Eles gostarão mais de você se agir dessa forma. Além disso, você não se colocará em uma situação desconfortável.

O paradoxo desta lógica inconsciente é que a maioria das pessoas de fato gosta de ser desafiada. Elas encaram isso como uma maneira de mostrar que o chefe acredita na competência delas. Na realidade, pesquisas indicam que os momentos mais empolgantes e energizantes na carreira da maioria dos gerentes (e os momentos que eles citam como os mais valiosos em termos de desenvolvimento) são quando são solicitados a fazer algo que os façam ir além do que eles mesmos acreditavam ser capazes de fazer.[7] Na prática, grande parte da hesitação de gerentes em fazer exigências é fruto de sua própria ansiedade, e não da realidade.

Os sete pecados mortais do ato de fazer exigências

Robert Schaffer identificou o que ele denomina **"os sete pecados mortais do ato de fazer exigências"**: armadilhas em que os gerentes caem, todas gerando complexidade em organizações. Ao ler as descrições, pergunte a si mesmo se reconhece algumas delas no seu próprio trabalho e depois inclua as mesmas nas suas respostas ao questionário da Tabela 5.1.

1. **Deixar de lado as expectativas** - Uma forma de evitar o desconforto de fazer exigências é tirar o pé do acelerador em caso de exigências específicas, de curto prazo. A essa altura, o que parece ser uma meta de fato se torna um desejo de que as pessoas optem por ignorá-la. Por exemplo: "Precisamos realmente cortar despesas, mas tudo bem, analisaremos separadamente o orçamento para despesas a cada ano; na verdade, é claro que gostaria de obter algumas reduções no próximo ano."

2. **Promover charadas** - Você também pode evitar exigências permitindo que seus subordinados saibam que não está falando a sério quanto a atingir a meta - trata-se apenas de um exercício ou de uma simulação para manter as aparências, mas você sabe que isso não ocorrerá na prática. Por exemplo: "Não sei como vamos conseguir um aumento de 15% nas vendas, mas precisei incluir isso no meu orçamento. Então, você precisa fazer o mesmo."

3. **Aceitar os negócios inconstantes** - uma medida que reduz a pressão para fazer exigências é permitir que seu pessoal faça *trade-offs* em suas

metas. Assim, se eles assumirem uma meta, estarão dispensados da outra. Em vez de recusar-se a mudar de opinião e insistir que as duas metas precisam ser atingidas, o gerente cederá e aceitará uma das duas abordagens. Por exemplo: "É claro que podemos aumentar as vendas, mas você bem sabe que, para conseguir isso, precisaremos conceder mais descontos."

4. **Definir metas vagas ou distantes** - Outra forma de evitar fazer exigências reais é através da diluição das metas. Isso acontece quando não existem mensurações claras ou quando o prazo é estendido para um ponto muito distante no futuro. Isso equivale a dizer ao seu pessoal para se esforçar bastante para conseguir atingir a meta, em vez de ficar preso a detalhes que precisam ser resolvidos o quanto antes. Por exemplo: "A esta altura no ano que vem, espero que seu departamento tenha feito mudanças significativas na utilização do *staff*."

5. **Não pensar nas consequências** - O próximo mecanismo de escape é não responsabilizar as pessoas por seus comprometimentos a tal ponto que dificulte a distinção entre as pessoas que atingem metas e aquelas que não atingem suas metas. Por exemplo: "Apesar de você não ter atingido seus alvos, vejo que se esforçou; portanto, concederei a você o mesmo bônus que as demais pessoas este ano."

6. **Definir um excesso de metas** - Outro pecado comum ao fazer exigências é encarregar as pessoas de cumprir diversas metas, bem mais do que elas possam de fato cumprir. Isso dá margem à escolha das metas que elas desejam cumprir ou que consideram mais fáceis de cumprir, mas não necessariamente aquelas que são mais importantes do ponto de vista organizacional ou estratégico. Por exemplo: "Você verá na tela as trinta metas essenciais nas quais gostaria que todos da divisão se concentrassem este ano."

7. **Permitir o desvio para preparos e estudos** - O pecado final é evitar definir metas difíceis por não dispor de mais dados, mais estudos e mais análises, ou seja, exagerar na dose de atividades preparatórias que atrasem o momento de comprometimento com uma meta real. Por exemplo: "Se você realmente quer reduzir o inventário, a primeira coisa a fazer é delegar um estudo para descobrir quem levou à solicitação dos pedidos, por que ela não está sendo usada conforme programado e se precisamos repensar toda nossa filosofia de controle de inventário."

Outras manobras que agravam a complexidade

Além desses pecados do ato de fazer exigências, verifiquei outros seis comportamentos gerenciais que resultam em complexidade em relação a metas e exigências. Pergunte a si mesmo se está apresentando algum desses comportamentos e, novamente, anote suas respostas na Tabela 5.1.

- Faz exigências erradas do *staff* e de consultores?
- Define metas arbitrárias sem diálogo e adesão?
- Faz o microgerenciamento?
- Tolera o gerenciamento *laissez-faire*?
- Não explica claramente as funções e responsabilidades?
- Adota um planejamento de trabalho com pouca disciplina?

Exigências erradas - Uma fonte recorrente, porém invisível, de complexidade nas organizações é a tendência de muitos gerentes de definir **metas ambiciosas** e fazer exigências difíceis às pessoas sem autoridade (ou condição) para cumpri-las, como o *staff* funcional ou consultores externos. Ao precisar fazer exigências, os gerentes ficam naturalmente ansiosos; por isso, eles preferem usar substitutos para transmitir suas expectativas em vez de confrontar diretamente os subordinados. Isso lhes permite sentir que estão fazendo a coisa certa em relação à definição de metas de forma concisa, mensurável e com limite de tempo. Mas eles não precisam lidar com as consequências das discordâncias ou da falta de respostas. É como enviar um mensageiro para dar as más notícias. Infelizmente, assim como antigamente, os mensageiros que portam mensagens ruins muitas vezes são massacrados. E, no mundo corporativo, isso significa que o *staff* e os consultores costumam ser ignorados ou rejeitados, o que gera ciclos de trabalho adicionais, mal-entendidos, ressentimentos e frustração geral.

Considere o seguinte caso: a diretora de operações (*chief operational officer* – COO) de um conglomerado de manufatura diversificado estava preocupada com os crescentes níveis de inventário. Para lidar com essa situação, ela convocou o vice-presidente da rede de lojas, cujo departamento era constituído de especialistas em processo de compras, logística, armazenamento e distribuição, e o repreendeu severamente. Sem rodeios, ela deu três meses para ele reduzir o inventário em 15% (apesar de os inventários serem de propriedade dos negócios e gerenciados pelos mesmos). O vice-presidente da rede de lojas, satisfeito por receber uma ordem de cima, enviou uma equipe escolhida entre seu pessoal para cada uma das divisões de negócios da empresa para trabalhar em conjunto visando reduzir o inventário até os níveis exigidos. Em cada loca-

FIGURA 5.1

O triângulo de exigências

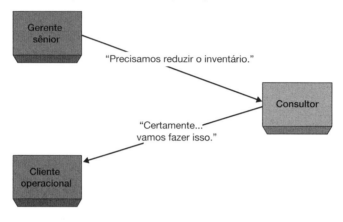

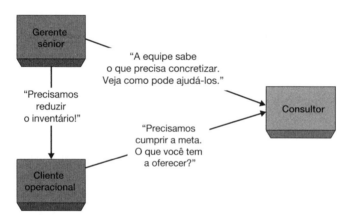

Fontes: Adaptado de Robert Schaffer, *Make Sure the Client Makes Demands, Journal of Management Consulting 1* (outono de 1982); e Robert Schaffer, *High-Impact Consulting*, 2ª ed. (San Francisco: Jossey-Bass, 2002), 187-192.

---

lidade, contudo, o *staff* recebeu uma versão diferente quanto ao motivo de o inventário estar acima dos níveis planejados e por que nenhuma providência adicional era necessária nesse momento. Em um local, por exemplo, um novo produto foi lançado antes do prazo, o que levou a um aumento do inventário. Em outro local, a unidade de negócios aumentou o inventário como preparo para a promoção de um produto a ser lançado. Após semanas de reuniões e estudos, o vice-presidente procurou a COO e se viu forçado a revelar que os inventários continuavam a aumentar e que não havia planos específicos para reduzi-los.

Este processo enrolado e gerador de complexidade, resultante de exigências pesadas sobre o *staff* e os consultores, e não sobre os gerentes de linha, é ilustrado na Figura 5.1. Ele é denominado "**triângulo de exigências**". Uma alternativa simples, que eliminaria todo o trabalho desnecessário, é fazer exigências diretamente aos gerentes de linha e, depois, solicitar a ajuda e o apoio do pessoal de *staff*. Mas isso raramente ocorre porque exige a disposição para fazer duras exigências.

Metas arbitrárias - Outro comportamento gerencial que gera complexidade é a definição de metas sem a prévia discussão do seu significado, de como elas serão atingidas e quais parâmetros devem ser seguidos. A dinâmica conhecida costuma ocorrer quando o gerente sabe o que a organização precisa concretizar e compreende o que precisa ser incluído em uma meta efetiva, mas está ansioso para solucionar questões que possam ser levantadas ou eliminar a resistência à meta. Por isso, o gerente simplesmente transmite as metas a serem alcançadas e evita o diálogo.

Microgerenciamento - Um desafio recorrente para a maioria dos gerentes é encontrar o equilíbrio certo entre o que Kaplan e Kaiser denominam "**liderança persuasiva**" e "**liderança capacitadora**".[8] Quando um gerente exagera na dose da persuasão, a tendência é manter-se envolvido em nível detalhado, em vez de conceder aos subordinados a liberdade de ação para conseguirem por si só e a seu modo concluir tarefas em tempo hábil. Às vezes, esse padrão deriva da sensação do gerente de ser o único que sabe como executar o trabalho da forma certa, tornando necessário fornecer orientação detalhada. Em outros casos, especialmente em níveis sênior, gerentes ficam mais ansiosos quando se afastam da ação diária e podem compensar isso solicitando relatórios, análises, verificações e dados com maior frequência. Isso os ajuda a sentir que ainda detêm o controle da situação.

Infelizmente, o microgerenciamento costuma ter o efeito contrário do que o pretendido pelos profissionais. Ele reduz o *empowerment* e a vitalidade das pessoas que de fato precisam concluir tarefas em tempo hábil e reduz sua capacidade de tomar decisões e adotar medidas rápidas. Ele também reduz sua capacidade de desenvolver habilidades e competências mais amplas; assim, a empresa acaba dependendo do microgerente, o que pode até se tornar um obstáculo na tomada de decisões. Ao mesmo tempo, o microgerenciamento também pode levar à complexidade através da criação de relatórios, análises e reuniões adicionais. Em níveis de alta gerência, uma infraestrutura inteira pode às vezes ser criada para alimentar dados e informações no sentido ascendente, tornando-os disponíveis a qualquer momento.

Por exemplo, há muitos anos, o CEO de uma das maiores empresas de produtos de consumo do mundo mantinha análises mensais detalhadas com os presidentes de cada divisão e líderes de funções-chave. Como preparo, cada alto executivo contava com a ajuda de um exército de pessoas do setor financeiro para criar um pacote de análise que incluía dados de vendas, *marketing* e custos, subdivididos em diversas categorias específicas. Os executivos precisavam estar prontos para responder perguntas sobre tudo relativo ao pacote. Esse esforço mensal envolveu a ação conjunta de centenas de pessoas, consumindo milhares de horas. Como foi uma ordem de cima, contudo, poucas pessoas questionaram publicamente o valor de todo esse trabalho. Quando um novo CEO foi nomeado, uma de suas primeiras providências foi passar a fazer análises dos negócios trimestralmente e a se concentrar nas exceções. O negócio não perdeu o ritmo, sem falar que milhares de horas de trabalho foram eliminadas da noite para o dia.

Gerenciamento *laissez-faire* - A extremidade oposta do espectro envolve o exagero no lado capacitador do *continuum* e a criação de complexidade através de gestão ineficiente. Muitos gerentes que sabem o valor de abordagens baseadas em equipes e do *empowerment* hesitam quando se trata de oferecer orientação demais às pessoas. Eles pressupõem que, quando apresentam metas claras e desafiadoras a um subordinado, basta deixá-lo descobrir por si mesmo o que fazer. Mas, novamente, é uma questão de equilíbrio. Se um gerente designa uma tarefa e aguarda meses até que a equipe apresente uma sugestão, ele é um forte candidato a se perder no caminho. Além disso, a correção posterior exige bem mais esforço do que seria necessário para manter-se no caminho certo desde o início.

Por exemplo, uma empresa de bebidas e alimentos estava apresentando um novo produto com o potencial de ser um sucesso de vendas. Cinco sabores foram testados junto aos consumidores - quatro deles foram aprovados, enquanto um foi classificado como abaixo da média. Entretanto, os membros da equipe disseram aos varejistas pilotos que cinco sabores estariam disponíveis. Então, eles continuaram colocando no mercado a variação que os clientes não apreciavam. O chefe dos negócios de alimentos de consumo, que dotou a equipe de *empowerment* para fazer o que fosse necessário para colocar o novo produto nas prateleiras, ficou sabendo que tudo estava pronto para a data de lançamento. Assim, ele não analisou detalhadamente os procedimentos da equipe. Foi por acaso que ele descobriu sobre o sabor que não agradava (que poderia ter afastado consumidores e comprometido o produto como um todo) e conseguiu descontinuá-lo no último instante. Mas, antes disso, houve um enorme desperdício de energia em algo que poderia ter sido corrigido logo no início.

Funções e responsabilidades pouco claras - Outra fonte de complexidade na definição de metas e no acompanhamento é a **falta de esclarecimento** em relação a quem é ou não responsável por tarefas e decisões. Na maioria das organizações, projetos e processos exigem coordenação e colaboração em diversas funções e departamentos. A ambiguidade em relação a quem toma as decisões, quem tem poder de veto e quem precisa estar envolvido pode resultar em muita rotatividade de clientes, mal-entendidos e repetição de trabalhos.

Uma ferramenta ou estrutura comum usada para classificar isso é chamada de gráfico RACI (*Responsible, Accountable, Consulted, Informed*) – uma maneira simples de definir quem tem responsabilidade (R), quem fica encarregado da aprovação final (A), quem precisa ser consultado (C) e quem precisa estar informado (I). O preenchimento deste gráfico exige o diálogo com diversos *stakeholders* para descobrir quem tem cada uma das funções – e para criar confiança suficiente de que todos os envolvidos manterão as condições de negociação e não tentarão se apropriar das funções alheias. Por exemplo, em um projeto de integração de aquisição complexo, um dos fluxos de trabalho essenciais envolvia a racionalização de benefícios em diversos locais. Nas primeiras semanas após a divulgação do negócio, ninguém sabia se o negócio seria conduzido pelo grupo de RH local, pela função de finanças ou pela unidade de "remuneração e benefícios" do RH regional. Também não sabiam quem ficaria encarregado da decisão final. Cada grupo se virou para coletar dados e identificar cenários alternativos, especificando os benefícios que poderiam ser alterados, as implicações em termos de custo e moral, e o ritmo de várias divulgações. Quando ficou claro que as quatro partes estavam realizando trabalhos redundantes, se desentendendo e transmitindo sinais confusos aos funcionários, o CEO reuniu todos para uma discussão RACI. Ficou determinado que o grupo de RH local ficaria encarregado do projeto (responsabilidade), que o chefe dos negócios daria a decisão final sobre o que fazer (responsabilidade pela aprovação) e que o setor de finanças e o grupo regional de RH seriam consultados (consultores). Após esclarecida essa questão, o projeto prosseguiria com mais naturalidade.

Planejamento de trabalho com pouca disciplina - Um comportamento que também gera complexidade é a falta de disciplinas básicas para transformar metas em planos de trabalho detalhados. Gerentes costumam ter uma dificuldade surpreendente em adotar as medidas necessárias para concretizar suas metas: identificar as tarefas-chaves, especificar quem é responsável por cada tarefa, estabelecer um prazo para iniciar e concluir tarefas, criar medidas para avaliar o progresso e fazer análises do progresso para fazer correções no meio do caminho. O problema é que essas disciplinas em geral são consideradas tão comuns e pouco empolgantes que os gerentes não lhes dão muita atenção, pois pressupõem que as etapas para concluir tarefas em tempo hábil são óbvias ou que gerentes de níveis hierárquicos inferiores ficarão a cargo dos detalhes.[9]

Há muitos anos, estava participando de uma reunião com os principais gerentes de uma empresa de manufatura. Eles estavam planejando a expansão da fábrica e dedicaram muito tempo à análise das várias etapas necessárias para construir a instalação física, mover o maquinário, contratar trabalhadores adicionais, mudar fluxos de trabalho, entre outras tarefas importantes. A discussão era animada e todos pareciam estar envolvidos, com diversas páginas de *flipchart* cobrindo as paredes. No final da reunião, os gerentes saíram, cada um com sua página e suas anotações individuais. Eles concordaram em se reunir em duas semanas para analisar o progresso. Foi então que perguntei ao gerente da fábrica se alguém redigiria o plano geral e se certificaria de que todos concordavam com as próximas etapas e prazos. Ele me tranquilizou, dizendo que todos os membros da sua equipe sabiam o que precisavam fazer e que não havia necessidade de ainda mais "burocracia". Quando a equipe se encontrou, duas semanas depois, ele ficou surpreso com o número de tarefas que simplesmente foram deixadas de lado porque todos pensaram que outra pessoa se encarregaria delas, enquanto outras tarefas foram executadas por mais de uma pessoa, e todos ficaram confusos quanto à distribuição de tempo geral.

Se você se reconhece em algum desses comportamentos gerenciais, anote-o no questionário da Tabela 5.1.

Comunicações: criadouro inconsciente de complexidade

Boa parte do trabalho gerencial envolve comunicar os planos, as direções, o progresso e outras informações a membros e *stakeholders* da organização. A comunicação efetiva na essência cria um sistema nervoso central que permite à organização concluir tarefas em tempo hábil. A falta de comunicação gera muita complexidade porque os sinais são bloqueados, mal interpretados ou mal direcionados. Mas os gerentes raramente reconhecem sua própria cumplicidade na geração de comunicações complexas, pois é bem mais fácil e confortável atribuir os problemas de comunicação a outros gerentes, à incapacidade de funcionários de compreender o problema, ao RH ou à função de comunicação por não transmitir as mensagens certas.

Por conta da falha na comunicação, você pode estar gerando **complexidade de maneira não intencional**. Mas pergunte a si mesmo se você sucumbiu a alguns dos seguintes comportamentos:

- Não solicitar *feedback*.
- Criar apresentações complicadas demais.
- Não gerenciar corretamente as reuniões.
- Abarrotar o mundo de *e-mails*.

Feedback? Que *feedback?*

Algumas pessoas têm o dom de transmitir até mesmo as mensagens mais complexas de forma clara, em uma linguagem direta, às vezes fazendo uso de analogias, imagens ou diagramas. Outras pessoas podem transformar uma ideia simples em algo praticamente incompreensível. O problema é que em geral não temos a total percepção de que nosso próprio trabalho se enquadra neste *continuum*, especialmente quando subordinados, colegas ou clientes não querem admitir que não compreenderam de fato algo; ou não querem constranger um executivo, uma pessoa influente, dizendo que a mensagem era confusa. Esses tipos de falha na comunicação têm profundas consequências para gerentes e organizações, levando as pessoas a fazer suposições erradas ou a adotar medidas equivocadas. Os professores David Collis e Michael Rukstad comentam: "A maioria dos executivos não consegue articular o objetivo, o escopo e a vantagem dos seus negócios em uma frase simples." Essa deficiência compromete seriamente a capacidade de execução da empresa com base na estratégia dos executivos.[10]

O desafio para muitos gerentes é ter a disciplina e a coragem para solicitar regularmente *feedback* sobre sua comunicação – para descobrir rapidamente se a mensagem certa está sendo transmitida da forma correta. Sem esse ciclo de *feedback*, as pessoas correm o risco de facilmente apresentar diferentes ideias sobre o que fazer, levando a um desperdício de tempo e a atividades não coordenadas. Independentemente de você estar conversando um a um, realizando uma reunião com um grupo ou falando em um encontro na prefeitura ou no *webcast* (transmissão de áudio e vídeo via Internet), pode solicitar *feedback* no final da sua mensagem. Com as pessoas individualmente, você pode simplesmente solicitar um resumo dos pontos principais abordados; em um grupo, você pode pedir a algumas pessoas para fazer o mesmo; e em uma apresentação, você pode solicitar um *feedback* por escrito ou pedir a alguns voluntários para fazerem comentários. O importante é solicitar o *feedback* ao invés de pressupor que a mensagem que você está tentando transmitir é aquela que os outros estão ouvindo.

A morte pelo *PowerPoint*

Mark Twain certa vez pediu desculpas por ter escrito uma carta longa e disse que não teve tempo de resumi-la. O mesmo se aplica a apresentações em organizações. Quando as apresentações são longas e complicadas, em geral isso é um sinal ou sintoma de que o apresentador não teve tempo de destacar os principais pontos de forma a facilitar a rápida compreensão por parte de todos.

Desde a invenção do *PowerPoint* da Microsoft e de outras ferramentas gráficas de trablho, as apresentações se tornaram ubíquas nas organizações e um método essencial para transmitir ideias, recomendações e propostas. Quando usadas adequadamente, essas apresentações podem ser meios extremamente poderosos de comunicação. *Slides* bem feitos podem destacar os problemas, apresentar dados com clareza e rapidez, e fomentar o diálogo construtivo. Esta é a boa notícia. A má notícia é que muitos gerentes não sabem bem como utilizar a ferramenta ou sem querer utilizam-na de forma inadequada. Então, em vez de uma comunicação clara e simples, as apresentações muitas vezes se tornam relatórios disfarçados de *slides*, ou competições de graciosidade, ou maneiras de evitar e não facilitar o diálogo. Na realidade, a criação de *slides* em *PowerPoint* se tornou uma indústria por si só, ensinada e reforçada em escolas de negócios e terceirizada por empresas de consultoria para especialistas na Índia que produzem modelos carregados de dados 24 horas por dia, 7 dias por semana. O resultado em muitos casos é o que os gerentes denominam "a morte pelo *PowerPoint*", ou seja, apresentações tão longas e complexas que não fazem sentido para os participantes.

Para combater essa tendência, uma empresa criou o termo "exercício de um minuto" para apresentações, forçando as pessoas a reduzir suas mensagens ao essencial, em *slides* que possam ser apresentados em **apenas um minuto**.

Reuniões desfiguradas

As reuniões são apenas um fato na vida das organizações; elas são uma forma de vida. Alguns gerentes chegam a dedicar **80%** do seu tempo a reuniões, especialmente em empresas muito focadas em matrizes, questões globais e processos. Infelizmente, conforme confirmado pela maioria dos gerentes, grande parte do tempo dedicado a reuniões é improdutivo, frustrante e desperdiçado. Portanto, em vez de ser uma fonte de simplicidade (para que todos rapidamente se envolvam no mesmo assunto), as reuniões costumam ser uma fonte de complexidade, em que as pessoas saem dali se sentindo confusas ou incertas sobre o que ocorrerá em seguida, ou sem uma decisão sobre determinada questão.

Como não poderia deixar de ser, ironia reside no fato de que a maioria dos gerentes sabe exatamente o que é necessário para tornar as reuniões vetores produtivos de crescente simplicidade. O gerenciamento efetivo de reuniões é um dos tópicos de desenvolvimento de gerenciamento mais conhecidos. É por isso que diferentes firmas de treinamento em gerenciamento e a maioria dos departamentos de treinamento interno oferece cursos na área. Centenas de artigos e livros foram escritos sobre o assunto. John Cleese, de Monty Python, chegou a produzir um treinamento em vídeo sobre o assunto: *Meetings, Bloody Meetings* (algo como *Reuniões, Malditas Reuniões*).[11] Todas essas contribuições abordam as mesmas questões: esclarecer o propósito da reunião e o que precisa ser concretizado; reunir as pessoas certas (e apenas essas pessoas) na sala; fazer uma distinção entre compartilhamento de informações, solução de problemas e tomada de decisão; designar um líder e um facilitador; criar previamente uma programação e um cronograma; gerenciar as interações; ficar atento ao tempo de exposição; definir os próximos passos. No entanto, quantos gerentes realmente organizam reuniões baseados nestas disciplinas?

Na verdade, muitas reuniões em organizações são pelo menos parcialmente como rituais de encontros que atendem às necessidades psicológicas das pessoas de interação social e compartilhamento de responsabilidades. A maioria dos gerentes, até mesmo em nível de alta gerência, não quer sentir como se estivessem comandando a empresa sozinhos ou fazendo seu trabalho isoladamente. Eles querem compartilhar as incumbências e a empolgação com seus colegas. É por isso que, apesar de todo o treinamento e conhecimento sobre o gerenciamento efetivo de reuniões, a maioria dos participantes conspira contra líderes de reuniões para eliminar as disciplinas que todos conhecem. O desafio da simplicidade é reduzir pelo menos parte da rotatividade de reuniões improdutivas para conceder mais tempo às pessoas ou tornar as reuniões mais valiosas.

Por exemplo, na organização de pesquisas farmacêuticas da GlaxoSmithKline, a criação de equipes numerosas interfuncionais para desenvolvimento de medicamentos desencadeou uma enorme quantidade de reuniões de equipes e subequipes – tantas que alguns pesquisadores passavam mais tempo nas salas de reunião do que nos laboratórios. Quando Amber Salzman se tornou chefe de operações de desenvolvimento, ela patrocinou a iniciativa **"adequada ao propósito"** que exigia que todos os líderes de equipes reavaliassem as associações de equipes e suas reuniões a fim de adaptá-las exclusivamente às questões necessárias naquela etapa de desenvolvimento de medicamentos. Essa iniciativa representou uma economia de milhares de horas de tempo de trabalho e focou novamente muitas das equipes no que era mais importante para colocar seus produtos no mercado.

Uma abordagem diferente foi instituída pelo Banco Mundial alguns anos atrás. Como forma de conscientizar as pessoas sobre o alto custo de reuniões, instalaram um dispositivo em diversas salas de reunião usadas com maior frequência. O instrumento calculava automaticamente o custo da reunião, multiplicando o número de pessoas na sala por uma taxa média por hora do funcionário e pela duração da reunião. Esse conhecimento foi suficiente para levar a uma redução na quantidade de reuniões e na sua duração.

Lapsos na etiqueta para enviar *e-mails*

O envio de *e-mails* pode parecer algo insignificante ou inofensivo, mas a sobrecarga da caixa de entrada é uma grande fonte de complexidade organizacional. Isso ocorre apesar da capacidade de comunicação oferecida pelas tecnologias de *e-mail* e sem fio, algo inimaginável antes. Há vinte anos, quem pensaria que seria possível se comunicar quase de maneira instantânea com praticamente qualquer pessoa no mundo inteiro a qualquer momento e a baixo custo? O problema é que os novos recursos surgiram sem manuais de instrução sobre como operá-los com eficiência. Assim, em muitos casos, o triste resultado é o aumento da complexidade e não da simplicidade.

Por exemplo, quando um gerente envia mensagens para diversas pessoas sobre questões que muitos deles não precisam conhecer, isso sobrecarrega colegas com informações de pouco valor que desviam sua atenção de assuntos mais importantes. Costuma-se culpar o botão "Responder a todos", que pode gerar centenas de *e-mails*, em geral sobre assuntos sem relevância, como programações de reuniões. Outra fonte de complexidade é a recirculação de documentos ("anexos") em vários *drafts* (esboços) e *redrafts*. Isso gera trabalho extra para os destinatários, que precisam ler e organizar o material, especialmente quando precisam cumprir padrões de retenção (e destruição) de documentos. O pior é que os destinatários podem ficar confusos sobre a versão mais recente e fazer edições ou comentários na edição errada - uma perda de tempo e uma fonte de erros.

Novamente, pergunte a si mesmo se reconhece algum dos comportamentos relacionados à comunicação no seu trabalho. Anote suas respostas no questionário apresentado na Tabela 5-1.

Como um gerente deve agir? Como estar consciente sobre comportamentos inconscientes

Se você chegou até aqui e já refletiu sobre os 22 comportamentos específicos descritos neste capítulo, agora já deve ter percebido que pode ser uma fonte poderosa de complexidade na sua organização. Mas, se esses comportamentos gerenciais e outros semelhantes são altamente inconscientes e orientados por fatores psicológicos, como podem ser superados? Será que gerentes precisam se submeter a anos de sessões de psicoterapia para conseguirem se curar das neuroses causadas pela complexidade e alcançar o equilíbrio certo entre o **"exagero"** e o **"menosprezo"** de atividades de liderança?

Para simplificar as coisas, a resposta é **"não"**. A terapia não é uma precondição da simplicidade. Mas isso não significa que é fácil mudar comportamentos e tentar descobrir ações que, sem querer, levam à complexidade. É preciso um real comprometimento com a simplicidade, com o empenho, com a autoanálise e com a experimentação - além de um sistema de apoio de colegas que possam o ajudar. Sob diversos aspectos, a tentativa de desvendar comportamentos causadores da complexidade é semelhante a frequentar o grupo de Alcoólicos Anônimos ou outros programas de redução de vícios em doze etapas. Você precisa admitir que causa a complexidade e depois buscar um grupo de apoio que possa reforçar seu desejo de mudar.

Mudando comportamentos de liderança no Banco Mundial

Vejamos um estudo de caso em que uma equipe inteira de alta gerência se empenhou em mudar os comportamentos individual e coletivo.

Quando James D. Wolfensohn se tornou presidente do Banco Mundial, em 1995, ele iniciou uma série rápida de mudanças com o intuito de mudar a missão do banco e convencer incrédulos que diziam que **"cinquenta anos seriam suficientes"** para esta instituição multinacional.[12] Como parte deste esforço, Wolfensohn mudou o foco do banco, antes tão concentrado no empréstimo de infraestrutura (como poços e pontes) e passou a focar mais a erradicação da pobreza através de programas sociais, saúde e educação. Essa mudança de missão também envolveu novas estruturas organizacionais – menos camadas e redes de especialistas técnicos; novos produtos de empréstimo e assistência técnica; e processos mais simplificados para fazer empréstimos, acompanhar projetos e gerenciar a infraestrutura administrativa.

A combinação de tantas mudanças em múltiplas frentes seria assustadora e intimidadora para quase todas as pessoas, mas a equipe de liderança do Banco Mundial considerou-a especialmente desafiadora. Em geral treinados como economistas e especialistas técnicos, e não como gerentes gerais, os executivos do banco jamais enfrentaram tamanha transformação. De repente, eles se viram em novas posições, com organizações reestruturadas, e esperavam trabalhar de forma totalmente diferente. A maioria deles estava disposta a colaborar com a transformação do banco, mas muitas vezes se viam adotando padrões antigos de comportamento, que tendiam a ser burocráticos, lentos, focados internamente e orientados ao controle.

Em 1998, o resultado foi um congestionamento. Diversas iniciativas estratégicas estavam em andamento, mas poucas apresentavam um real progresso; os gerentes recebiam tantas mensagens e relatórios que não conseguiam absorver tudo. Eles eram convocados para inúmeras reuniões que pareciam não chegar a conclusões ou decisões. Wolfensohn ficou frustrado, sentindo que muitos dos gerentes estavam adiando essas decisões. E muitos dos gerentes sentiam que o único momento que conseguiam concluir as tarefas em tempo hábil era quando estavam fora do banco, em missões em países de clientes, o que resultava na redução ainda maior do tempo para concluir tarefas quando eles retornavam à sede em Washington.

Ao perceberem que a situação em grande parte era fruto de seu estilo de liderança, os diretores administrativos Sven Sandstrom, Caio Koch-Weser e Shengman Zhang (os principais assessores de Wolfensohn na época) iniciaram um processo focado para alterar o comportamento gerencial, começando por eles próprios e os 25 melhores vice-presidentes que se reportavam a eles. Para divulgar a iniciativa, os diretores administrativos enviaram uma nota a todos os vice-presidentes, solicitando que identificassem maneiras pelas quais pudessem ser mais eficientes em nível individual e coletivo. Um *coach* (um consultor interno ou externo) foi designado a cada gerente (inclusive os diretores administrativos) para ajudar com esta linha de pensamento. A função dos *coaches* era basicamente a de "segurar um espelho" na frente dos gerentes para que eles refletissem sobre sua própria forma de gerenciar, através de discussões individuais e de contribuições das pessoas que trabalhavam com eles.

O trabalho gerencial individual logo começou a criar novos padrões. Sandstrom e Koch-Weser, por exemplo, perceberam que estavam tentando supervisionar e rastrear vários projetos sem um senso claro de prioridades e sem um ritmo de governança. Em resposta, eles trabalhavam com uma equipe para fazer um inventário de todos os principais "projetos de mudança" em andamento no banco, separar aqueles internamente focados dos externamente focados e, em seguida, listar os cinco ou seis principais projetos prioritários em cada categoria. Depois, eles definiram um padrão de análises agendadas para os projetos prioritários. Assim, as pessoas ficavam sabendo o assunto abordado e quando o relatório ficaria pronto. Os vice-presidentes também identificaram questões pessoais, desde a forma de utilização do tempo até a forma de comunicação com seu pessoal.

Além das mudanças individuais, os gerentes identificaram uma série de itens que poderiam utilizar coletivamente para trabalhar com maior simplicidade e eficácia. Uma ideia muito poderosa, por exemplo, foi a de coordenar suas agendas de viagens coletivas. Como os diretores administrativos e os vice-presidentes tinham responsabilidade sobre os projetos no mundo inteiro, muitos dos executivos viajavam constantemente para países em desenvolvimento, ou visitavam governos doadores ou outros órgãos de assistência. Como resultado, a equipe de gerenciamento estendida (os cerca de 25 melhores gerentes) raramente ou quase nunca acabava no mesmo lugar ao mesmo tempo. As reuniões e análises muitas vezes precisavam ser repetidas com diferentes grupos de pessoas, e outras reuniões eram ineficazes porque as pessoas-chave não estavam presentes e não foi possível contactá-las. Como reação a essa tendência e para simplificar a governança geral do banco, os melhores executivos concordaram em passar uma semana inteira por mês em Washington e agendar reuniões internas importantes para essa semana. Isso acabou levando ao conceito de um **"dia corporativo"** por mês para que Wolfensohn e a melhor equipe de gerenciamento analisassem as principais iniciativas, resolvessem problemas juntos e compartilhassem seus aprendizados em vários projetos.

Durante este processo de **introspecção** e **experimentação**, Wolfensohn também trabalhou com um *coach* externo para verificar se alguns de seus padrões estavam agregando complexidade e se poderiam ser modificados. Embora ele tenha sido o originador e energizador da transformação do banco, ele questionava se seus próprios comportamentos estariam inibindo ou adiando o progresso. Ao explorar esta questão, ele percebeu que a forma como estruturava seu próprio tempo por vezes representava um obstáculo à tomada de decisões. Foi então que ele decidiu incluir um assistente sênior para coordenar melhor e focar as diversas exigências sobre seu tempo, reorganizar seu *staff* pessoal e coordenar sua agenda de viagens junto aos demais gerentes. Ele também incentivou seus diretores administrativos a trabalharem com ele como uma equipe, e não apenas individualmente. Isso lhe permitiu se concentrar mais nas partes externas da sua função com a confiança de que a equipe gerenciaria os assuntos internos do banco.

Este processo de reflexão, diálogo, experimentação e simplificação continuou por cerca de mais dois anos, incluindo sessões em que a equipe de gerenciamento compartilhava seu aprendizado entre si, levando à evolução de formas bem diferentes de Wolfensohn e sua equipe gerenciarem o banco. A barreira que havia retardado a implementação de iniciativas estratégicas foi quebrada. Quando Wolfensohn se aposentou, em 2004, a instituição já estava totalmente transformada.

Como fazer acontecer

Conforme ilustrado pelo caso do Banco Mundial, desvendar comportamentos gerenciais que causam a complexidade pode ter um profundo impacto sobre a saúde e o êxito organizacional. Mas você não precisa aguardar até que um programa total, abrangente e corporativo seja implementado. Vejamos algumas medidas que você pode adotar agora para impulsionar a simplicidade na sua própria função de liderança:

1. Preencha o questionário da Tabela 5.1 e utilize-o para refletir sobre seu próprio comportamento. Pergunte a si mesmo se você reconhece os comportamentos

2. Compartilhe os resultados do questionário e sua linha de pensamento com outros gerentes ou colegas que conhecem bem você. Dependendo da natureza do seu relacionamento, pode se tratar do seu chefe, de uma equipe de pessoas que se reporta a você, colegas ou mesmo amigos. Se desejar manter total confidencialidade, contrate um *coach* ou consultor externo. Tome o devido cuidado para selecionar pessoas que serão honestas e diretas com você, oferecendo um real *feedback*. Em geral, nossas visões sobre nós mesmos precisam ser desafiadas ou pelo menos complementadas com a perspectiva de pessoas externas.

3. A partir de sua própria reflexão e do *feedback* de colegas ou de um *coach*, selecione uma ou duas maneiras específicas de tentar fazer coisas de uma forma mais simples, mudando seu próprio comportamento. Não precisam ser grandes mudanças. Comece fazendo pequenas mudanças para adquirir confiança. Por exemplo, tente mudar seus padrões de envio e recebimento de *e-mails*. Ou mude a forma como planeja e conduz reuniões. Quando detectar que teve algum êxito, compartilhe sua conquista com colegas ou com o *coach* e identifique outras oportunidades de simplificação.

4. Se possível, recrute outras pessoas para se submeterem ao mesmo processo de reflexão, experimentação e aprendizado. Faça uma reunião com o grupo para compartilhar o progresso e ideias. A criação de um grupo de apoio para acompanhar as mudanças de comportamento pode ser um aliado no reforço de suas próprias tentativas de mudança, além de ajudar também outras pessoas a fazerem o mesmo. Invariavelmente, você encontra padrões em comum derivados da cultura da organização e que têm mais chances de serem eliminados quando são atacados coletivamente.

5. Finalmente, se você precisar impulsionar a simplificação de forma mais abrangente na sua empresa, procure convencer os membros da equipe de gerenciamento a se submeterem juntos ao processo de reflexão, experimentação e aprendizado. Se for o caso, envolva a função de RH para ajudar a facilitar o diálogo e consequentemente criar a expectativa de simplificação gerencial no processo de gerenciamento de desempenho e recompensas da sua empresa.

Uma busca incessante

Apesar de as etapas descritas aqui serem relativamente simples, elas certamente não são de fácil aplicação. É difícil e desafiador encarar a própria imagem refletida no espelho, especialmente quando você está aberto para enxergar aspectos que talvez o desagradem. Mas, se você de fato deseja promover a **simplificação** na sua organização, não basta apenas mudar a estrutura, os produtos e os processos. Talvez seja preciso mudar seu próprio **comportamento** - não uma, mas várias vezes.

CAPÍTULO 6

Estratégia para alcançar a simplicidade

Considerados separadamente, os quatro tipos de complexidade – **estrutura, produtos, processos** e **comportamento gerencial** – podem ser atacados com várias ferramentas e abordagens. Mas há momentos em que a tarefa real é reunir essas ferramentas e abordagens para travar uma guerra abrangente com a complexidade e criar uma cultura contínua de simplificação e produtividade. Esse é o foco deste capítulo: como entrelaçar as ferramentas disponíveis em uma estratégia integrada e sustentável visando a simplificação.

Vamos começar pela General Electric, uma empresa que fez uso da simplificação como um vetor de produtividade por mais de vinte anos.[1]

Injetando simplicidade na cultura da GE

Com razão, gerenciar a GE deve ser uma das operações mais complexas na face da terra. Afinal, os negócios da GE abrangem radiodifusão, serviços financeiros, fabricação de locomotivas, entre outros. Ela tem centenas de milhares de funcionários, dezenas de milhares de gerentes e está presente em milhares de localidades ao redor do mundo. Mesmo assim, talvez em função de sua complexidade inerente, a GE transformou a **simplicidade** em um componente-chave de seu sistema operacional e uma grande fonte de aumento da produtividade ano após ano. A simplicidade na GE é bem mais do que um *slogan*, um valor ou um princípio – ela é uma forma de pensar e parte inerente da cultura.

Por exemplo, ao verificar diversos setores e mercados no mundo inteiro, as atividades de planejamento estratégico e orçamento da GE poderiam facilmente colocar a empresa em apuros. Para evitar isso, a alta gerência da GE acompanha os processos de planejamento e orçamento e aprimora-os conforme a empresa progride. Como exemplo relevante, o CEO Jeffrey Immelt percebeu, em 2003, que o processo de planejamento estratégico estava ficando redundante com a existência do processo de orçamento. Os dois processos exigiam praticamente os mesmos dados, mas em períodos distintos. Para evitar o trabalho desnecessário e repetitivo (com cascatas de pessoas em uma empresa de grande porte), Immelt reformulou o processo de planejamento estratégico para que ele focasse diretamente e simplesmente o crescimento; ele passou a chamá-lo de "roteiro do crescimento" e certificou-se de que ele continha instruções diretas sobre o que precisava (e o que não precisava) ser incluído. O processo de orçamento depois fluiu naturalmente separado dos planos de crescimento, com bem menos confusão. Ao mesmo tempo, a mensagem de que o crescimento era o principal foco do planejamento estratégico foi destacada.

Além de fazer a sintonia fina do processo para torná-lo mais simples, Immelt e sua equipe de gerenciamento também se empenharam para apresentar a estratégia geral da empresa com facilidade de compreensão. A Figura 6.1 representa a estratégia conforme ela apareceu no relatório e na carta anual de 2007 aos acionistas. O principal aqui é notar que cada negócio e subnegócio da GE poderia utilizar este diagrama como o ponto de partida para desenvolver seus próprios planos – com alvos financeiros de alto nível, princípios de negócios cruciais e oportunidades de negócios essenciais para o crescimento futuro. Isso permitiu a todos desta empresa de grande porte e altamente diversificada ter uma estrutura e uma linguagem em comum para poder avançar.

FIGURA 6.1

Princípios estratégicos da GE

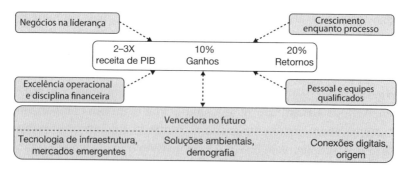

Fonte: Relatório Anual da GE, 2007, p.9.

Para manter o processo organizado e simples de lidar, a GE estabelece um calendário rígido para seu planejamento e orçamento (e outros mecanismos-chave de governança). Isso permite aos gerentes da empresa inteira saber o que precisam submeter, a quem e em que data. Isso evita que o esforço se "arraste" longos períodos do ano. E, finalmente, quando gerentes da GE apresentam seus planos e orçamentos, eles aprendem como capturar as mensagens principais de maneira sucinta, simples e clara, em poucas páginas com pontos listados e o que na GE denominam **"caixas para levar"** com demonstrações de resultado resumidas. Susan Peters, diretora de aprendizagem da GE, comenta: "As apresentações por aqui são uma forma de arte... O que e como você apresenta são igualmente importantes. Você precisa conhecer seus produtos e isso deve ficar claro. A complexidade e o tamanho da GE forçam a simplicidade: há tantas questões, setores e países a serem abordados que é necessário eliminar redundâncias."

A simplificação de algo que, do contrário, seria um processo de planejamento altamente complexo, não é garantia de que todo negócio e toda estratégia na GE alcance seus objetivos, especialmente levando-se em conta os colapsos no mercado ou as forças externas inesperadas que se interpõem. Mas isso permite à equipe de liderança sênior compreender e identificar riscos previamente e tomar decisões mais rápido sobre o que precisa ser alterado. Por exemplo, quando o congelamento repentino dos mercados de crédito e a recessão mundial abalaram o modelo de negócios da GE Capital, em 2008, Immelt e o chefe da GE Capital, Mike Neal, conseguiram reestruturar e recolocar a GE Capital em **semanas** – uma tarefa gigantesca para um negócio com milhares de pessoas espalhadas em várias unidades de negócios ao redor do mundo.

A evolução da simplicidade na GE

Todo esse destaque da simplicidade na GE não foi obra do acaso. Tudo começou no início da década de 1980, quando o então CEO Jack Welch desafiou cada um de seus gerentes a tornar seu negócio o **número um** ou **dois** no setor; caso contrário, eles precisariam "consertar, vender ou fechar" o negócio.[2] Este ditame claro (mas muito difícil) não apenas desencadeou uma simplificação contínua do portfólio da GE, mas também levou à simplificação da estrutura da empresa, nos níveis de unidades corporativas e de negócios. Simultaneamente, muitos negócios da GE mantinham empresas com várias unidades de negócios independentes, cada uma com sua própria demonstração de resultado (P&L – *profit & loss*, perdas e lucros em português). Para se tornarem os principais competidores do seu setor, os negócios precisavam consolidar as unidades independentes para dar-lhes consistência suficiente para competir.

Por exemplo, o negócio de iluminação tinha unidades para lâmpadas incandescentes, lâmpadas fluorescentes, halógenas, sistemas de iluminação, negócios internacionais, entre outros. Para ocupar o *status* de melhor do setor, a GE transformou essas unidades em um negócio integrado com funções centralizadas fortes (manufatura, engenharia, vendas, *marketing*, finanças, recursos humanos) que atendiam todos os grupos de produtos. Esse tipo de combinação das unidades também resultou na eliminação expressiva de custos. Somado a isso, grupos de negócios da GE foram agrupados em "setores", com executivos e *staffs* de setor. Welch rapidamente eliminou o nível "setor", por considerar que ele agregava pouco valor. Assim, vários dos principais líderes de negócios passaram a se reportar diretamente a ele.

No final da década de 1980, Welch havia atingido sua meta: cada negócio era o número um ou dois no mercado correspondente. Ao mesmo tempo, ele simplificou a estrutura da empresa. Centenas de unidades independentes agora estavam consolidadas em **treze negócios** importantes. No processo, setores foram eliminados, negócios com baixo desempenho (como foi o caso de eletrodomésticos) foram vendidos, negócios com alto desempenho (como o caso da NBC) foram adquiridos e um grande volume de custos em excesso foram eliminados (representando quase 100.000 empregos a menos).

A simplicidade como forma de vida

Welch percebeu, contudo, que esse era apenas o começo. Ele mesmo dizia que tinha modificado o *hardware* da empresa, mas não o *software*. Embora a estrutura tenha sido simplificada, as pessoas ainda executavam seus trabalhos como antes. Demorava-se para tomar decisões e a maioria dos funcionários não estava envolvida na tentativa de descobrir como melhorar a empresa. Para fazer a empresa avançar, Welch iniciou o processo de *Work-Out*, conforme descrito no Capítulo 4. Todavia, a meta do *Work-Out* não era apenas "eliminar trabalho" do sistema, por mais importante que fosse, mas também criar uma cultura que era explicitamente caracterizada pela "velocidade, simplicidade e autoconfiança". Assim, cada uma das centenas de sessões de *Work-Out* no início da década de 1990 foi mais do que um meio de eliminar a burocracia e simplificar processos; ela foi um tutorial sobre a nova mentalidade, reforçando os comportamentos de velocidade, simplicidade e autoconfiança com as centenas de milhares de gerentes e funcionários da GE que participaram.

Este processo de **reeducação cultural** em massa na GE na primeira metade da década de 1990 foi reforçado por várias outras iniciativas adicionais e complementares ao *Work-Out*. Uma iniciativa se concentrava na aprendizagem de práticas recomendadas de outras empresas, especialmente em diferentes setores e, depois, na rápida incorporação delas na GE. Outra ensinava as habilidades de mapeamento de processos a todos os gerentes da GE e depois integrava essas habilidades às sessões de *Work-Out*. Uma terceira transmitia a gerentes uma estrutura para acelerar a mudança, que ficou conhecida como CAP (processo de aceleração da mudança, em inglês Change Acceleration Process). Finalmente, cada negócio precisava desierarquizar para ficar no máximo com oito níveis de gerenciamento. E tudo isso ocorria no contexto de apresentação dos resultados de negócios, trimestralmente e anualmente. Na realidade, toda iniciativa era posicionada como um elemento capacitador para alcançar resultados de negócios e não como uma atividade "agradável" ou opcional.

O Centro de Desenvolvimento de Liderança de Crotonville da GE funcionava como um ponto de coordenação central para essas iniciativas e incorporava as mensagens-chave em todos os demais treinamentos. Ao mesmo tempo, a organização de RH da GE revisava explicitamente o gerenciamento de desempenho e critérios e processos de promoção para atender às novas expectativas de gerentes, incluindo a mentalidade da simplificação. E Welch expos publicamente seus motivos para recompensar alguns altos gerentes e demitir outros com base nos novos critérios.[3]

Como resultado dessa combinação de abordagens, a unidade de gerenciamento da GE passou por uma transformação completa entre 1989 e 1994. Velocidade, simplicidade e autoconfiança, que antes eram uma aspiração interessante, passaram a ser uma expectativa diária. Em sua maioria, os gerentes que não aderiram a esse modo de pensar optaram por sair da empresa ou foram substituídos.

Em meados da década de 1990, uma abordagem ainda mais rigorosa da simplicidade foi apresentada: o treinamento do *Seis Sigma*. Todos os gerentes da empresa precisaram concluir o treinamento e realizar um projeto de aperfeiçoamento de processo *green belt*. Para tornar esse treinamento ainda mais eficaz, foram adicionados bônus e promoções a essas expectativas. Isso não apenas revelou a competência de gerentes da GE para promover o aperfeiçoamento e a simplificação de processos, mas também ofereceu a eles uma linguagem em comum para trabalhar em conjunto nessas questões.

Quando Jeff Immelt se tornou CEO da GE, em 2001, ele acrescentou uma "perspectiva de crescimento" externa à base cultural criada nas duas décadas anteriores. Sem modificar as noções básicas de simplificação e contínuo aperfeiçoamento, ele procurou certificar-se de que elas estivessem voltadas para fora, para os consumidores. Ele sentia que, para a empresa crescer com a rapidez necessária, ela precisaria formar mais parcerias pessoais com os clientes para antecipar suas necessidades e criar soluções com eles. Por exemplo, conforme observado por Mark Begor, CEO da GE Money Americas: "Embora tenhamos recebido contribuições dos clientes anteriormente, estávamos focados demais na empresa, dedicando cerca de 75% de nosso tempo a questões internas. Mudamos isso nos últimos anos, passando a aumentar a influência de nossas equipes de clientes *versus* nossas equipes de processos operacionais. Na realidade, nossas equipes de clientes vivem com nossos clientes e estão colocalizadas ali."

Simplicidade através de aperfeiçoamento contínuo

O resultado final dessas iniciativas é que a simplicidade é inserida na cultura e na forma de pensar da GE. Ao ser reforçada e atualizada através de cursos em Crotonville e programas adicionais corporativos e de unidades de negócios, ela é essencialmente passada de um gerente para outro, que compreendem que se trata de uma exigência para a sobrevivência e o sucesso. Lloyd Trotter, ex-vice-presidente da GE, descreve o processo de pensamento da seguinte forma: "Ensinamos aos gerentes que eles precisam partir da '**resposta**', ou seja, que seus negócios precisam de um aumento de ganhos de dois dígitos a cada trimestre e a cada ano. Eles percebem rapidamente não haverá um aumento das vendas sem uma alavancagem. Portanto, eles precisam descobrir como promover o crescimento e, ao mesmo tempo, aumentar a produtividade. Procuramos não complicar as coisas: o material chega pela porta da frente e os produtos saem pela porta de trás. Precisamos evitar o desperdício na fase intermediária e também descobrir como agregar mais valor aos produtos ou serviços oferecidos aos nossos clientes."

Inserida nessa declaração simples reside a expectativa básica de que todos os gerentes da GE precisam constantemente atingir níveis mais altos de desempenho. Segundo Mark Begor: "Não comemoramos o suficiente... Quando conquistamos algo, sentimos um prazer momentâneo e depois questionamos 'O que não saiu conforme o esperado?' e depois elevamos o padrão para o projeto seguinte." Como resultado, gerentes bem-sucedidos da GE estão sempre em busca de novas maneiras de concretizar tarefas em tempo hábil, novas formas de executar seus negócios ou novos negócios que eles devam realizar. Begor, por exemplo, comanda um negócio que se reinventou diversas vezes. O negócio começou como uma empresa de crédito ao consumidor, depois se tornou uma empresa que oferecia cartões de crédito de marca, depois se transformou em um veículo de *marketing* e vendas para varejistas e agora é uma empresa que oferece uma variedade de produtos de crédito de marca através de varejistas. Ele diz que a GE tem um melhor desempenho quando gerentes criam uma crise que força as pessoas a repensar seus pressupostos, eliminar o desperdício e descobrir novas maneiras de fazer as coisas. Ele diz: "Na GE, não existe uma linha de chegada."

Susan Peters, a diretora de aprendizagem, observa que a cultura de gerar processos está profundamente arraigada na GE – o que significa que gerentes estão sempre à procura de oportunidades de otimização e simplificação. Ela é responsável pela Sessão C, por exemplo, o processo de avaliação e planejamento anual de talentos da GE. Ela o descreve:

> Antes, havia muita circulação de papéis, com livros altamente confidenciais sobre pessoas em cada negócio. Lembro que passei horas no Kinko´s tirando fotocópias de páginas, algo que precisava ser feito em segredo, fora do escritório, para ninguém ver. Agora tudo isso mudou com a tecnologia. Tudo é digital – as classificações, as definições, os cursos, as formas. Basta um clique para adicionar ou alterar algo. Você encontra tudo na ferramenta digital. Então, agora não é preciso levar as cópias impressas para as reuniões; vemos a projeção das imagens em um telão ou na tela de um computador.

Ensinando a adotar a simplicidade – um gerente de cada vez

O surpreendente sobre a GE é que a compulsão por simplicidade está disseminada na empresa – em diferentes negócios, setores, continentes e culturas nacionais. Com o tempo, ela se tornou parte autoreplicável do DNA da empresa. Até certo ponto, isso parte dos níveis hierárquicos superiores. Os gerentes sêniores modelaram seu foco em um número reduzido de prioridades claras e simples – seja a prioridade "tornar seu negócio o número um ou o número dois" ou o "crescimento". À medida que essas mensagens circulam por diferentes níveis hierárquicos da empresa, os gerentes convertem as mesmas em uma ou duas prioridades simples e focadas, e esperam que suas equipes consigam concretizá-las. Susan Peters comenta: "A priorização e o foco são essenciais para o sucesso. É claro que existem outros itens que não constam na lista de prioridades, mas você executa-os de maneira distinta ou mais lenta."

Essa ênfase na simplicidade e no foco é transmitida não apenas através do exemplo a ser seguido, mas também através do *mentoring* (aconselhamento) ativo. Os gerentes da GE são "professores" que conversam com muita franqueza uns com os outros e com os subordinados. Questões delicadas são discutidas abertamente, sem politicagens ou disfarce, e chegam aos níveis hierárquicos mais altos sem filtragem. E, na maioria dos casos, a pergunta não é "Quem é o culpado?", mas sim "O que precisamos fazer?". Esse comportamento é ensinado e reforçado repetidas vezes. Quem nos conta esta história é Lloyd Trotter:

Participei de uma reunião em que o gerente que fazia a apresentação tinha quarenta *slides* que pretendia mostrar em meia hora. Para não estender demais a reunião, sugeri que fizéssemos uma pausa para o café e aproveitei para ajudar o gerente a escolher cinco gráficos que servissem de base para uma boa discussão e uma tomada de decisão. Minha intenção não era censurá-lo nem constrangê-lo. Compreendo perfeitamente o nervosismo das pessoas quando fazem apresentações para a alta gerência. Mas, no final do dia, foi importante para esse gerente se dar conta de como é fundamental ter autoconfiança para conseguir extrair apenas os fatos importantes e tomar as providências necessárias.

Isso não significa que todo mundo na GE consegue fazer o mesmo. Muitas pessoas não se identificam com a cultura corporativa e não acompanham o ritmo, a energia, a contínua elevação de padrões, a franqueza e a necessidade de foco e simplificação. Elas são aconselhadas a deixar a empresa, aceitar a demissão ou solicitar a demissão. Mas o grupo principal de gerentes que conseguem acompanhar o ritmo da empresa incentiva os demais e orienta os novatos para que a cultura se torne autosustentável.

Nunca é fácil ser simples

Apesar de mais de duas décadas de simplificação e uma cultura poderosa de resultados através da simplicidade, a GE ainda luta para combater a complexidade. Trata-se de uma batalha sem fim. Em nível de portfólio, a equipe de altos executivos está sempre examinando cuidadosamente negócios que não têm mais potencial de crescimento suficiente, mesmo que tenham apresentado um alto desempenho no passado. A comunidade de analistas externos está sempre fazendo pressão para elevar o grau de transparência e simplicidade. Isso facilitará a compreensão dos diversos negócios da GE, como eles se encaixam e como geram resultados sinergéticos. Dentro da empresa, a GE ainda se esforça para encontrar mecanismos para aumentar a aderência da empresa em diversos negócios e funções. A abordagem atual é criar "conselhos" para funções e operações comerciais – mas gerentes que comandam esses conselhos também têm "trabalhos diurnos" em tempo integral em seus negócios e estão constantemente alertas no combate à "sobrecarga no conselho".

A GE também enfrenta constantes desafios no gerenciamento de camadas e níveis, ou seja, à medida que a empresa cresce e fica mais globalizada, as camadas tendem a acompanhar esse crescimento. Somado a isso, conforme a cultura predominante se fortalece e é solidificada, gerentes tendem a contratar pessoas que pensam como os próprios gerentes e, assim, os grupos ficam menos abertos a novas formas de pensar.

Mas os gerentes da GE estão conscientes dessas questões e desafios. Eles costumam enfrentar tudo isso de cara – não é uma tarefa perfeita nem fácil, mas eles são sinceros e se mostram sempre focados nos resultados. Ao fazer isso, demonstram como a simplicidade pode fazer total diferença em um mundo complexo.

Mas e se você não faz parte da GE?

É impressionante a evolução da simplicidade na GE. Mas nem toda empresa dispõe dos recursos, do talento e do tempo da GE. A GE investiu milhões de dólares em *Work-Out*, *Seis Sigma* e em uma centena de outros programas e iniciativas voltados para a simplicidade. Apesar de o retorno sobre esse investimento ter compensado em muito as despesas, poucas empresas dispõem de capital para tamanho investimento logo no início. E nem todas as empresas têm CEOs e Conselhos de Administração com a visão, os princípios e a paciência necessárias para gerar uma transformação por tantas décadas (ou mesmo anos seguidos), e com a coragem de lidar com a resistência, as críticas, as dificuldades e a batalha para implementar a mudança fundamental organizacional e cultural.

É sempre bom ter tudo isso, mas não é essencial. Vejamos uma outra empresa que conseguiu transformar a si própria, seus resultados e sua natureza fundamental através do foco na simplificação: a SEB (Skandinaviska Enskilda Banken), uma empresa de serviços financeiros com sede em Estocolmo, que presta serviços a clientes varejistas e comerciais na Europa setentrional.[4] Fundada em 1856, como o primeiro banco comercial da Suécia, em 1972, ocorreu sua fusão com um importante banco de varejo sueco. Nas três décadas seguintes, a SEB fez diversas aquisições, passando a ser essencialmente uma empresa *holding* (sociedade formada para administrar um conglomerado de empresas) com bancos e operações de seguro de vida em dez países, representantes no mundo inteiro e mais de vinte mil funcionários. Mas a expansão de seu escopo e de seu alcance geográfico elevaram muito os custos da SEB em comparação aos seus concorrentes e também a deixaram com uma capitalização relativamente fraca – fatores que representaram graves obstáculos ao crescimento sustentável dos lucros. Annika Falkengren, que já trabalhava no banco há dezessete nos, encontrou essa situação ao se tornar CEO da SEB, no outono de 2005.

Determinada a tornar a SEB um banco líder na Europa setentrional, Falkengren rapidamente percebeu que a complexidade talvez fosse seu maior inimigo. Após a aquisição e a estratégia da empresa *holding*, a SEB tinha várias marcas e plataformas de sistemas, além de diversos outros aplicativos de TI, variações de produtos, estruturas de governança, sistemas de RH e relatórios financeiros.

Para crescer, o banco precisava se transformar em uma empresa operacional integrada. Então, a primeira providência de Falkengren foi iniciar o que ela chamava de "**caminho para a excelência**", que exigiu uma concentração de dois anos para conseguir a eficiência operacional. Esta fase foi seguida de crescimento focado em áreas específicas consideradas como pontos fortes, ou seja, com a compreensão de que uma área de negócios primeiro precisava adquirir o direito de crescer.

Para tornar esse conceito operacional, Falkengren estabeleceu objetivos financeiros ambiciosos em áreas de crescimento de lucro sustentável, retorno sobre o patrimônio líquido e na classificação de qualidade, além da meta de longo prazo de ser a **número um** em segmentos de negócios e mercados selecionados: bancos de negócios, varejo (incluindo a Suécia, a Alemanha e os países bálticos, além das operações com cartão do banco), gerenciamento de riqueza (incluindo o gerenciamento de ativos e bancos privados) e seguro de vida. Nos segmentos, as funções de suporte (TI, operações, RH, finanças, *marketing*, comunicações, jurídica) eram todas centralizadas e encarregadas de desenvolver "uma função e uma solução" que promoveria consistência, simplicidade e redução de custo. A questão essencial era criar um banco (com ênfase no termo *One SEB* usado pela empresa) com aumento das vendas cruzadas e melhores sinergias de custo em que o conhecimento e o *expertise* fossem alavancados no banco inteiro para o real benefício dos consumidores.

Quando a nova estrutura entrou em vigor, Falkengren e sua equipe começaram a envolver os funcionários em projetos específicos de simplificação e aperfeiçoamento. Como o pessoal da SEB tinha as mais variadas linhagens, linguagens e culturas nacionais, eles não adotavam um plano em comum para promover a mudança. Foi então que Falkengren e sua equipe criaram um programa de excelência operacional chamado *SEB Way* (Caminho SEB) para criar uma cultura em comum, uma linguagem em comum e outras ferramentas para contínuo aperfeiçoamento. Em 2006, o primeiro ano do programa, 40% do *staff* da empresa participou de sessões *SEB Way*, apresentando 180 projetos de transformação em todas as áreas da empresa. Muitos desses projetos focavam a redução de custos, a racionalização de sistemas e a criação de práticas funcionais em comum, enquanto outros visavam a simplificação de produtos. Por exemplo, diversas famílias de produtos em bancos de varejo (como empréstimos a clientes e cadernetas de poupança) foram reformuladas para facilitar a compreensão e o nível de acesso por parte dos clientes. Em seguida, as marcas foram divulgadas com uma identificação em comum: **simplificadas**.

Para reforçar uma cultura de contínuo aperfeiçoamento, Falkengren e sua equipe incorporaram com maior convicção os valores essenciais da SEB de "comprometimento, respeito mútuo, profissionalismo e continuidade" no treinamento e na comunicação. A própria Falkengren dedicou bastante tempo à comunicação interna, analisando o que e como o banco estava aperfeiçoando. Esse duplo foco na demonstração de resultados *e* em comportamentos (até que ponto um indivíduo contribuiu para o *One SEB*) foi empregado no processo de análise de desempenho. Os gerentes foram avaliados, recompensados e promovidos não apenas com base nos resultados alcançados, mas também no nível de conformidade ao *SEB Way*.

No final de 2008, o equivalente a 7% da força de trabalho havia sido liberada através do *SEB Way* – recursos que foram reinvestidos em atividades de vendas e outros aspectos dos negócios. Apesar das desvalorizações expressivas e das dificuldades nos mercados de capital, a SEB ainda apresentava lucro operacional (embora inferior ao de 2007) e aumento da receita e das atividades comerciais em geral. Não se pode dizer que a transformação do banco foi completa, mas certamente foi criada uma base a partir da simplicidade.

Reunindo tudo: estratégia para alcançar a simplicidade

Qual é o ensinamento deixado por décadas de simplificação da GE, pela transformação do século XXI da SEB e pela experiência de tantas outras organizações citadas neste livro? Como um gerente pode criar uma arquitetura integrada da simplicidade que acelere a conquista de resultados, facilite a conclusão de tarefas em tempo hábil e crie mais conexões poderosas e sustentáveis com os consumidores?

Embora toda organização precise moldar sua própria estratégia, cinco etapas devem ser sempre consideradas, em geral nesta sequência:

1. **Declarar** - Posicione a simplicidade como um propulsor e capacitador de resultados nos negócios.

2. **Reestruturar** - Simplifique a estrutura organizacional (usando algumas das ferramentas e abordagens descritas no Capítulo 2).

3. **Alcançar** - Capture os primeiros resultados nos negócios através da simplificação de processos ou de produtos (usando algumas das ferramentas e abordagens descritas nos Capítulos 3 e 4).

4. **Manter** - Desenvolva o ritmo sustentável criando capacidade e incentivo para a simplificação na cultura da empresa (referência a alguns dos comportamentos descritos no Capítulo 5).

5. **Repetir** - Aprenda através da experiência e gere ondas contínuas e adicionais de simplificação.

A Figura 6.2 a seguir contém um resumo desta estratégia e inclui uma descrição mais detalhada de cada elemento.

FIGURA 6.2
Estratégia para alcançar a simplicidade

Declarar

O ponto de partida de uma estratégia de simplificação integrada é fazer a conexão explícita entre a simplicidade e os resultados dos negócios. Esta etapa é fundamental para garantir que a simplificação não seja um mero valor, *slogan* ou gerador de autosatisfação. Se você realmente deseja que a simplificação faça a diferença na sua organização, o saldo final é que ela precisa se transformar no que é fundamental: **tornar-se um ditame dos negócios**.

A GE e a SEB posicionam claramente a simplicidade como um ditame dos negócios. Na GE, a simplicidade é um princípio penetrante e básico. Espera-se que os gerentes utilizem-na como uma maneira de aperfeiçoar continuamente os resultados nos negócios. Ela se revela no modelo da GE de excelência operacional, em seus traços de crescimento e como tema central na avaliação anual de talentos da Sessão C. Desde o foco de Welch em "velocidade, simplicidade e autoconfiança" no início da década de 1990, a simplicidade tem sido uma lente através da qual gerentes da GE enxergam seus negócios. O foco da SEB na simplicidade é mais recente, mas não menos evidente. Quando Annika Falkengren se tornou CEO, ela logo frisou a importância de criar o *One SEB* como peça-chave para transformar a empresa na principal instituição prestadora de serviços financeiros na Europa setentrional. Mas isso exigia muita simplificação da estrutura organizacional, de aplicativos de TI, de mecanismos de governança, de variações de produtos e de estratégias de divulgação de produtos no mercado. Além disso, era necessária uma abordagem de liderança em comum. Sem dúvida, a simplificação era uma questão de negócios.

A ConAgra Foods, descrita no Capítulo 1, é outro exemplo de simplificação como um ditame nos negócios. Gary Rodkin deixou claro para seus gerentes e parceiros, logo que assumiu o comando em 2005, que a complexidade da empresa estava elevando os custos, reduzindo as margens de lucro e retardando o investimento em oportunidades de crescimento. Ele definiu metas específicas de redução de custos com o objetivo claro de eliminar a duplicação. Ele declarou publicamente que as prioridades eram a simplicidade, a responsabilidade e a colaboração. Essas prioridades viriam a constituir 50% dos critérios de análise de desempenho para gerentes.

Vejamos outras empresas cujos altos executivos priorizaram a simplicidade como uma das principais alavancas dos negócios:

- **Siemens** - Quando Peter Loscher se tornou CEO, em 2007, ele decidiu simplificar uma estrutura demasiadamente complicada, fato esse que provavelmente contribuiu para as irregularidades financeiras. Ele rapidamente declarou que a criação de uma estrutura simplificada e transparente, e de um portfólio menos complexo de produtos eram duas de suas primeiras prioridades para revitalizar os negócios.

- **Nielsen** - A empresa Nielsen, especializada em pesquisas e mensuração do mercado de consumo, foi privatizada em 2006 por um consórcio de participação acionária em empresas de capital fechado. O novo CEO, David Calhoun, estabeleceu a meta de transformar a Nielsen em uma empresa "aberta, integrada e simples" como a estratégia para melhorar o desempenho operacional e desenvolver relações mais estreitas e de maior colaboração com os consumidores.

- **L´Oréal dos EUA** - A empresa cresceu através de um modelo de negócios em que cada divisão tinha certa autonomia. Em 2008, o CEO dos EUA, Laurent Attal, determinou que a simplificação passaria a ser a principal meta para levar a L´Oréal dos EUA a um maior crescimento e rentabilidade, especialmente em virtude da retração econômica e da elevação no custo de materiais. Depois, ele concentrou os esforços da sua equipe em transformar a L´Oréal em uma "empresa da beleza sem fronteiras" em que a simplificação era a estratégia central.

É claro que a declaração da simplicidade como um ditame dos negócios é apenas o primeiro passo. Isso terá pouco significado se não for acompanhado de ações e resultados. Por outro lado, o não posicionamento da simplicidade em um contexto de negócios significa que as pessoas não levarão a simplicidade a sério, não a tornarão uma prioridade ou não conseguirão converter a simplificação em metas de negócios específicas.

Reestruturar

Quando ficar claro que a simplicidade é um ditame dos negócios, o próximo passo será colocá-la logo em prática – e as medidas de simplificação mais visíveis e drásticas em geral estão conectadas ao modelo organizacional. Embora seja de fato possível começar pela simplificação de produtos ou processos (de acordo com a necessidade organizacional), a reestruturação atua de forma mais intensa para trazer problemas à tona e quebrar padrões anteriores. Na essência, se você deseja promover a mudança em uma organização, precisa incluir uma dose a mais de encenação, dramaticidade e energia.

A GE e a SEB começaram suas jornadas rumo à simplificação com iniciativas drásticas de reestruturação. A GE consolidou pequenas unidades em negócios maiores que precisavam se tornar **número um** ou **número dois** em seus diferentes mercados. Somado a isso, Welch eliminou setores e forçou cada negócio a cortar camadas (níveis hierárquicos). Essas medidas incitaram a simplificação em larga escala da estrutura inteira da GE. A SEB começou com a consolidação de todos os grupos de *staff* funcionais em unidades corporativas que precisavam desenvolver soluções únicas, em comum, para os quatro segmentos de negócios recém-criados. Isso também representou uma simplificação significativa da estrutura da empresa.

Nos dois casos, contudo, a simplificação estrutural não foi ocorreu apenas pelo seu benefício inerente ou para provar o valor da simplificação. A simplicidade estrutural na GE e na SEB gerou resultados financeiros expressivos, em termos de redução de custos e da capacidade de atender clientes com maior rapidez e eficiência. A simplificação estrutural também elevou o grau de responsabilidade, deixando claro quem estava pressionado para apresentar resultados e quem precisava fazer as coisas acontecerem. Além disso, as economias provenientes da simplificação estrutural foram reinvestidas no aperfeiçoamento de produtos e processos e também foram usadas para financiar programas de mudança e esforços educacionais visando apoiar um foco mais amplo na simplificação.

A ConAgra Foods também começou com a simplificação estrutural. Conforme descrito anteriormente neste livro, o a primeira grande iniciativa do CEO Rodkin foi transformar os negócios de alimentos de marca semiautônomos em uma estrutura operacional integrada. Isso levou à criação de grupos funcionais corporativos (semelhantes aos da SEB) que davam suporte aos "grupos de alimentos" de lanches, laticínios, mercearia, congelados e industrializados. Essa mudança gerou reduções de custos imediatas e significativas e, ao mesmo tempo, estabeleceu a base para maior simplificação.

Qualquer pessoa que tenha passado por um processo de reorganização sabe que a reestruturação organizacional pode ser dolorosa e confusa. Não estou recomendando que as pessoas se livrem totalmente de procedimentos anteriores e gerem o caos como um precursor da simplificação – isso seria desconcertante e contraproducente. A ideia é identificar logo as reais oportunidades estruturais de simplificação, em que resultados possam ser alcançados e o poder da simplificação possa ser demonstrado relativamente rápido. Na GE, na SEB e na ConAgra, as oportunidades estavam em nível corporativo e, portanto, envolviam todos. Mas nem sempre é assim. Por exemplo, na L'Oréal dos EUA, uma das primeiras oportunidades de simplificação foi consolidar os recursos criativos que sustentavam o grupo de marcas de luxo. Antes, cada marca tinha sua própria equipe para lidar com as agências de publicidade, gerenciar o processo de embalagem, além de criar garantia subsidiária e material de *marketing*. Isso gerava um custo adicional e inconsistência nos processos. E também significava que os principais clientes estavam lidando com diferentes pessoas da L'Oréal para atividades como, por exemplo, o modelo de balcão para lojas de departamentos. Ao aglutinar todo o pessoal voltado para a propaganda em um único grupo, sob o comando de um gerente, a L'Oréal dos EUA conseguiu, ao mesmo tempo, reduzir custos, simplificar processos e otimizar a relação com o consumidor. Mas isso também serviu de alerta para a empresa de que a simplificação era uma prioridade séria e importante porque a presença de equipes criativas em nível de marca era uma tradição de longa data que agora estava sendo quebrada.

Alcançar

Quando você deixar claro que a simplificação é um ditame dos negócios e tomar providências para simplificar a estrutura organizacional, poderá começar a lidar com a complexidade de produtos e processos. É um processo semelhante ao desenvolvimento na infância: comece pelas habilidades motoras básicas envolvidas na reestruturação e consolidação e, depois, desenvolva as habilidades motoras mais avançadas necessárias para simplificar produtos e processos.

Conforme mencionado anteriormente, isso não quer dizer que você não possa focar a racionalização de produtos ou a simplificação de processos antes de mudar a estrutura organizacional. Na verdade, para algumas organizações, isso fará sentido. Na maioria dos casos, contudo, começar pela **"limpeza"** estrutural facilita a posterior concentração em produtos e processos, por dois motivos.

Primeiro, a reestruturação costuma ser encarada como um alerta, um choque no sistema que força as pessoas a reavaliar a maneira pela qual executam tarefas. Segundo, depois da reestruturação, as pessoas precisam reconfigurar seus processos e formas de trabalho – fica impossível continuar procedendo da mesma forma quando não existe mais a estrutura de apoio.

Seja qual for o caso, o segredo é gerar resultados de negócios precoces e significativos através da simplificação de produtos ou processos, ou ambos. A escolha do ponto de partida realmente depende da situação em que você se encontra e de onde residem as melhores oportunidades. Se você precisa fazer um diagnóstico ou avaliação rápida de oportunidades, isso pode ser útil, desde que você não ingresse em um longo processo de estudos e análises para descobrir o ponto de partida ideal. Se você é como a maioria dos gerentes, sabe perfeitamente onde é provável que existam oportunidades e pode aproveitar seus colegas e parceiros que provavelmente também têm ideias. É provável também que você saiba onde processos podem ser modificados ou simplificados, ou seja, onde as coisas são mais demoradas ou têm um custo mais elevado. E provavelmente tem a noção exata dos produtos que não estão gerando tanto valor quanto os demais, para você ou para seus clientes. Qualquer um desses *insights* sugere pontos de partida úteis.

Conforme descrito anteriormente neste livro, muitas ferramentas e abordagens o ajudarão a impulsionar a simplificação de produtos ou processos. Sua empresa talvez já tenha disponibilizado algumas dessas ferramentas e, caso necessário, você poderá contratar um especialista externo para ajudá-lo com alguns testes piloto iniciais. Ao iniciar, pense em obter logo resultados fruto do seu esforço e também em criar a capacidade interna de utilizar as ferramentas de maneira mais ampla e contínua. Certifique-se de que você não esteja apenas pegando o peixe, mas ensinando o seu pessoal como continuar pescando com o tempo.

Como vimos anteriormente, quando a GE decidiu simplificar sua estrutura na década de 1980, ela acabou ficando com 100.000 funcionários a menos e um padrão organizacional bem diferente. Em virtude das mudanças estruturais, as pessoas não podiam continuar trabalhando da mesma forma. Welch comentou: "Destituímos as pessoas, mas não eliminamos o trabalho que elas executavam." Portanto, o foco na simplificação de processos como a etapa seguinte do processo foi uma evolução natural, através do *Work-Out*.

A SEB também começou suas iniciativas de simplificação com uma mudança estrutural significativa – a mudança para funções de bancos visando dar suporte aos segmentos de negócios. Isso deu origem ao contexto para os esforços de simplificação de processos denominados *SEB Way* – *workshops* destinados a criar processos em comum para essas novas funções corporativas. Comitantemente, a SEB também simplificou sua oferta de produtos. Seus líderes perceberam que não poderiam oferecer todos os produtos a todos os mercados e esperar dar suporte a todas essas ofertas de forma econômica. Os líderes, por exemplo, decidiram se concentrar nos bancos de investimentos da Noruega e deixaram de lado os negócios envolvendo seguro de vida lá; em diversos outros países nórdicos, eles abandonaram os negócios de bancos de varejo e optaram pelo *private banking* (não incorporado a outros bancos). Apesar de essas mudanças terem gerado uma certa dificuldade em termos de publicidade, elas foram medidas necessárias para se chegar ao foco em produtos.

A ConAgra Foods também deixou de fazer mudanças estruturais para se concentrar na simplificação de produtos e processos. Após reorganizar a empresa em quatro grupos apoiados pelas funções corporativas, o CEO Rodkin examinou cuidadosamente o portfólio de produtos e decidiu vender marcas com desempenho menor, como carnes e queijos. Ele também deu início a um esforço de simplificação de processos em grande escala, visando consolidar e simplificar os processos básicos necessários para operar a empresa.

Essas primeiras iniciativas de simplificação de produtos e processos têm dois pontos essenciais em comum. Primeiro, elas geram resultados mensuráveis e importantes, e não apenas estudos, recomendações, relatórios ou sistemas. Dessa maneira, a simplificação adquire vida, ou seja, ela deixa de ser um conceito teórico e se transforma em uma iniciativa de negócios que faz diferença. Ela gera economias ou receitas a serem reinvestidas, convencendo as pessoas de que vale a pena acreditar na simplificação. Segundo, esses esforços iniciais envolvem e tocam muitas pessoas, em vez de ficarem restritos a alguns altos executivos. E, em última instância, a **simplificação** é um esporte que exige a participação de todos na jogada; ninguém pode ficar no banco de reservas. Além disso, o envolvimento precisa estar presente desde o início, como ocorreu na GE, na SEB e na ConAgra Foods; caso contrário, ele nunca fará parte da cultura da empresa.

Manter

Ao posicionar a simplificação como imperativo nos negócios, fazer rápidas mudanças estruturais, obter resultados precoces através da simplificação de processos e produtos, e envolver um grande número de funcionários pode gerar uma grande ímpeto voltado para o progresso das empresas. O desafio aí é conseguir manter esse impulso passada a adrenalina inicial para poder incutir a simplificação na cultura e na estrutura subjacente da organização. Para fazer isso, as empresas podem usar os sistemas de comunicação, treinamento e RH.

O uso da comunicação para manter o impulso

A comunicação estratégica pode reforçar a mensagem de que a simplicidade é importante, que ela é um imperativo nos negócios e que ela pode realmente fazer a diferença. Para que a simplificação emplaque, os altos executivos precisam se tornar evangelizadores da simplicidade. Eles precisam pregar e ensinar, não como moralistas, mas como líderes da mudança, e não de forma ocasional, mas o tempo todo, como parte de todas as mensagens de negócios. A simplicidade precisa ser como o soar do tambor no ritmo certo, reforçada de maneira constante e consistente em interações pessoais, material escrito, reuniões coletivas, palestras e reuniões de negócios.

Mas isso não significa que a mensagem é transmitida apenas como uma fórmula ou com frases batidas e automáticas. Os gerentes devem aplicar o conceito de simplicidade a problemas reais do cotidiano, dando vida à simplicidade no momento certo. A vinheta inicial de Lloyd Trotter em que um gerente da GE recebia ajuda para reduzir o lote de 40 *slides* de sua apresentação é um bom exemplo de ensinamento no momento em que a situação ocorre. Annika Falkengren, da SEB, também observa que grande parte do seu tempo é dedicado à comunicação sobre simplicidade e transformação, já que o tema está presente em todas as interações, bem como em palestras e reuniões formais. Por exemplo, ela costuma dizer às pessoas: "Pense no cliente em primeiro lugar. O cliente está disposto a nos pagar para fazermos as mesmas coisas de maneiras distintas em locais diferentes?" Gary Rodkin e sua equipe sênior adotam uma abordagem semelhante na ConAgra, constantemente relembrando às pessoas sobre a importância da simplicidade e sobre como usá-la como uma lente para resolver os problemas atuais dos negócios. Um gerente do Banco Mundial me disse certa vez que o segredo da mudança efetiva em empresas de grande porte residia em "mil xícaras de chá", ou seja, as mensagens importantes precisavam ser internalizadas por cada pessoa, uma de cada vez, através da interação individual.

Além da comunicação sobre a simplicidade, gerentes também precisam simplificar suas mensagens sobre outros tópicos de negócios. Não basta dizer que a simplicidade importa; os gerentes também precisam comunicar tudo de maneira simples. E, obviamente, isso não acontece da noite para o dia. São necessárias habilidades específicas para transmitir mensagens de maneira simples e clara; o refinamento dessas habilidades pode levar anos. Mas os executivos mais experientes, em especial, precisam adotar essa postura desde o início e estabelecer a expectativa de que a comunicação simples e clara é algo que deve ser esperado deles. Um dos primeiros testes, por exemplo, é verificar se a estratégia da sua empresa ou divisão pode ser explicada pelos gerentes (e, depois, por todos os demais funcionários) em **uma** ou **duas frases**. Isso pode dar muito trabalho: transformar ideias complexas em imagens ou frases simples. Mas é essencial para tornar a simplicidade mais do que um *slogan*. Talvez este também seja o momento adequado para apresentar abordagens estruturadas, como o exercício de um minuto para apresentações em *slides*.

Treinando para manter o impulso

Pode parecer óbvio, mas a simplificação não acontece quando cada pessoa a aborda de uma forma diferente. Você precisa criar uma estrutura e uma linguagem em comum para a simplificação e, depois, treinar todos com base nisso. Assim, todos passam a ter o mesmo foco e isso gera uma capacidade geral de ação e multiplicação de resultados.

Todas as empresas abordadas neste capítulo seguiram esse caminho. A GE é bem conhecida por ter desenvolvido abordagens de simplificação estruturada, como o *Work-Out*, o *CAP* e o *Seis Sigma*. Mas o planejamento central foi essencial para o sucesso desses programas: todos destacavam os mesmos princípios e ferramentas básicas, fossem eles aplicados a negócios de prestação de serviços financeiros, a uma fábrica de manufatura ou a uma equipe de vendas. Eles foram personalizados para acomodar as diferenças de necessidades de negócios locais, mas a estrutura geral era a mesma em qualquer local. O mesmo valeu para o *SEB Way* e o *RoadMap* da ConAgra.

Além de serem planejadas partindo de um ponto central, esses esforços de treinamento tinham vários outros recursos que se revelam essenciais para manter a simplificação com o tempo:

- **Eles impeliam as pessoas à ação para produzir resultados reais.** Apesar de esses esforços incluírem um pouco de material conceitual, seu real objetivo era aplicar conceitos de simplificação a problemas de negócios atuais. Dessa forma, todos os envolvidos seriam não apenas "instruídos", mas também transformados em um agente de mudança.

- **Eles deliberadamente visavam gerar mudanças mensuráveis em poucos meses.** Basicamente, a ideia era simplificar as coisas: escolher um processo ou produto cujo problema pudesse ser tratado ou resolvido rapidamente, como uma maneira de criar impulso e reforçar o esforço de mudança. Se o problema ou tópico fosse abrangente e complexo, o treinamento ajudaria as pessoas a desmembrá-lo em algo mais simples que pudesse ser tratado de cara.

- **Eles eram logo divulgados na empresa inteira e executados em grande parte pelo pessoal interno.** Para fazer isto, consultores ou especialistas externos eram usados para ajudar a criar o material e realizar os testes piloto ou as sessões iniciais, mas os recursos internos eram treinados assim que possível para incentivar a adoção em maior escala. Na GE, todos os negócios designavam consultores internos de *Work-Out* que trabalhavam em conjunto com consultores externos na primeira rodada de testes piloto – e depois seguiam cada vez mais o exemplo à medida que o processo avançava. A SEB também treinou "desafiadores" internos para conduzir os *workshops* de *SEB Way*. A ConAgra desenvolveu uma equipe de líderes de transformação que podiam trabalhar com as unidades de negócios para criar sessões de *RoadMap*, bem como diversos facilitadores que podiam apoiar os líderes de transformação.

- **Eles eram tão interativos que chegavam a ser psicodélicos.** O treinamento não deve se limitar a transmitir conceitos e ensinar a usar ferramentas; ele também precisa moldar mentalidades e influenciar o comportamento. As ferramentas apresentadas pelos instrutores e facilitadores são apenas um ponto de partida; a função essencial do treinamento é estimular o diálogo, incentivar as pessoas a questionar pressupostos, criar um espaço seguro para que funcionários sugiram suas próprias soluções de simplificação e oferecer *feedback* uns aos outros sobre os tipos de comportamentos que inadvertidamente desenvolvem a complexidade em organizações (como aqueles descritos no Capítulo 5).

Sistemas de incentivo para manter o impulso

As pessoas tendem a fazer aquilo em que são mensuradas e a continuar aquilo em que são recompensadas. Se uma pessoa impulsiona a simplificação, mas não recebe algum tipo de recompensa ou reconhecimento por essa conquista, é provável que ela não preste muita atenção a outras oportunidades de repetir o esforço. Inversamente, se a simplificação é recompensada com consistência, de maneira pública e transparente, as recompensas ou outros reconhecimentos podem oferecer um incentivo poderoso para maior simplificação, tanto pelas pessoas que se beneficiam diretamente quanto por aqueles que percebem que o comportamento vale a pena. Então, para garantir a adoção da simplificação de longo prazo, você precisa alinhar os sistemas de recursos humanos com as ações que deseja que as pessoas executem.

Esta equação parece simples e lógica à primeira vista. Diga às pessoas o que você deseja e recompense-as por fazer isso, ou puna-as por não cumprir a meta. Nesse sentido, a maioria das pessoas em organizações são um pouco sdiferentes dos animais em laboratório que continuam a apresentar determinados comportamentos quando são recompensados com comida e que evitam outros comportamentos quando recebem choques elétricos. Na verdade, contudo, os sistemas de desempenho e recompensa organizacionais não costumam ser tão simples; eles englobam várias metas, medidas que nem sempre refletem o comportamento real, e incentivos que nem sempre estão diretamente vinculados à medida ou às metas. O resultado é a prática confusa e contraproducente que meu colega Steve Kerr denominou "**recompensando A ao solicitar de B**".[5]

A GE é um bom exemplo de como sistemas de RH e incentivos podem reforçar e manter os comportamentos necessários para a simplificação. Quando Jack Welch apresentou pela primeira vez seu mantra **velocidade, simplicidade e autoconfiança**, muitas pessoas questionaram seu real significado e a seriedade com que deveria ser tratado. Por fim, contudo, alguns negócios idealizaram listas de atributos gerenciais associados a cada um dos três temas. Alguns negócios chegaram a criar questionários 360 graus para oferecer *feedback* aos gerentes sobre seu grau de personificação desses atributos. Outros negócios organizaram *workshops*, e outros utilizaram os atributos das reuniões de gerenciamento. Após cerca de um ano, a equipe corporativa de RH consolidou e aperfeiçoou os atributos para incluí-los em um novo conjunto de "comportamentos de liderança" oficiais da GE que os gerentes da empresa deveriam se esforçar para incorporar.

Todas essas atividades eram interessantes e educativas, mas os comportamentos de liderança só se tornaram reais vetores de mudança quando foram utilizados de maneira pública e drástica como a base de decisões de promoção de alto nível. Em uma reunião anual da diretoria, Welch anunciou que ele havia convidado dois líderes de negócios a deixar a empresa, apesar de terem atingido suas metas financeiras, porque esses gerentes não corresponderam às exigências dos atributos de liderança. Depois ele explicou sua linha de raciocínio através de uma matriz dois por dois com "resultados alcançados" em um eixo e "comportamentos de liderança" no outro eixo (Figura 6.3). Na essência, sua explicação indicava que não bastava apenas alcançar os resultados financeiros – agora os gerentes precisavam atingir seus resultados financeiros e se comportar de acordo com os princípios de velocidade, simplicidade e autoconfiança. Esse era o único caminho para conseguir a promoção. O fracasso em termos de resultados e comportamento seria um atestado de demissão. Já a inexistência de um deles deixaria a pessoa em apuros, mesmo considerando os constantes resultados positivos da GE.

Esse pronunciamento de Welch foi surpreendente e mudou o rumo das coisas. A maioria das pessoas partia do pressuposto de que os gerentes que alcançaram os resultados esperados estavam isentos de culpa em termos de comportamentos. Após a medida de Welch, os comportamentos de liderança não eram mais "coisas boas a serem almejadas"; agora eles eram requisitos para ser bem-sucedido na GE, além de alcançar os resultados. Eles adquiriram força e se tornaram oficialmente parte do processo de gerenciamento de desempenho.

No final das contas, é preciso estar ciente de que a mudança de comportamento sustentável não acontece por si só. Se você deseja que as pessoas se comportem de maneira diferente e que incorporem a simplificação (ou qualquer outro comportamento) na cultura da sua empresa, acione os três níveis: **comunicar claramente** o que é esperado, **treinar e desenvolver gerentes** para atender essas expectativas e, depois, **recompensar** (ou **punir**) as pessoas de acordo com o seu desempenho.

É claro que, depois, você precisa começar o processo inteiro novamente. Essa repetição me remete à última etapa a ser abordada na estratégia geral de simplificação.

FIGURA 6.3

Matriz de desempenho da GE

		Resultado alcançado	
		Sim	Não
Comportamento da liderança	Sim	Categoria 1 - promovido e recompensado.	Categoria 3 - desenvolvido, deve ter uma segunda oportunidade.
	Não	Categoria 4 - decisão difícil, precisará ser demitido se não conseguir mudar.	Categoria 2 - decisão fácil, sem futuro na GE.

Repetir

Como mostrado nos exemplos, a simplicidade é uma viagem contínua e não um destino. As correntes de complexidade seguem se formando e precisam ser barradas ou desviadas seguidas vezes. Adicionalmente, mesmo que você tenha conseguido incorporar abordagens e comportamentos de simplificação na cultura da empresa, eles precisam ser periodicamente atualizados, renovados e analisados porque novos funcionários, gerentes e líderes assumem posições, e novos desafios de negócios tomam a dianteira. Se você leva a sério a simplificação, precisa estar preparado para sustentá-la, repetidas vezes, enquanto sua organização existir.

O foco da GE na simplificação por quase trinta anos talvez seja a melhor ilustração desta persistência. Mark Begor, da GE, explica: "Estes investimentos por décadas criaram os blocos constituintes da nossa cultura, tais como velocidade, foco nos clientes e simplicidade." Mas, até mesmo na GE, a tarefa nunca acaba. A diretora de aprendizagem Susan Peters comenta: "Nenhuma empresa é tão simples quanto costumava ser dez anos atrás. Isso também vale para a GE. O ritmo das informações, a conectividade, os *e-mails* adicionais... é mais complicado agora atualizar e acompanhar as informações. Portanto, precisamos nos esforçar ainda mais para continuar simplificando."

Na maioria das situações, as empresas não têm muita escolha senão persistir. A ConAgra Foods é um desses casos. Conforme descrito no Capítulo 1, Gary Rodkin adotou a simplicidade como lema e ditame dos negócios quando se tornou CEO no final de 2005. Nos dezoito meses seguintes, ele e sua equipe de liderança reestruturaram a empresa, racionalizaram o portfólio de produtos, reavaliaram muitos dos processos e incorporaram a simplicidade na cultura de gerenciamento – tudo isso com tremendo sucesso e grande envolvimento de funcionários. Considerando todos esses aspectos, pode-se dizer que a vitória estava próxima.

Mas a complexidade, gerada interna e externamente, começou a vir à tona: um problema de manufatura em uma fábrica levou a um *recall* de um produto de alta vendagem à base de creme de amendoim; pesquisas do setor aceleraram a necessidade de reformular a maneira como a pipoca era produzida; problemas na colheita de tomates levaram a atrasos na oferta aos principais consumidores; problemas na etiquetagem levaram a outro *recall*; e preços de *commodities* como óleo e trigo de repente atingiram níveis recorde, bem acima de quaisquer projeções. Ao mesmo tempo, alguns dos melhores altos executivos decidiram sair da empresa. Assim, as responsabilidades da equipe de liderança precisaram ser redistribuídas.

Rodkin e sua equipe se viraram para lidar com esses problemas. Ficou claro para eles que muitos desses processos básicos para operar a empresa eram lentos, complexos e pesados demais para um ambiente de ritmo intenso, sujeito a crises: previsões financeiras, precificação, gerenciamento do custo de mercadorias, presença do SKU, controle de qualidade, entre outros. Ao perceberem isso e a necessidade de reduzir ainda mais os custos em virtude das novas condições dos negócios, Rodkin e sua equipe de liderança sênior iniciaram outra onda de esforços de simplificação. Rodkin comentou: "Fizemos tanto progresso nos dois primeiros anos que talvez tenhamos ficado confiantes demais. Mas o ambiente nos fez lembrar da quantidade de trabalho a ser executado. O segredo é não parar – **a simplicidade é uma batalha contínua.**" O essencial é que a simplificação é um processo que nunca acaba nem é concluído.

Pete Perez, diretor de RH da ConAgra, acredita que, a longo prazo, o aumento da capacidade de contínuas mudanças e simplificação de processos será o aspecto mais importante do trabalho de simplificação da empresa: "Desde o início, decidimos incorporar em todos os pontos nos arredores da empresa, e não deixar que apenas algumas pessoas promovessem a simplificação a partir de um ponto central. Foi por isso que treinamos líderes da transformação, facilitadores do *RoadMap*, equipes de simplificação e muitos de nossos gerentes no uso de ferramentas de simplificação de processos. E isso também interferiu em nossas expectativas de como trabalhamos uns com os outros. Ainda não chegamos lá, mas contamos com uma base sólida para prosseguirmos."

Portanto, realmente é possível conduzir um ataque abrangente à complexidade e fazer progressos de curto e longo prazos. Caso você seja um importante executivo, ou chefe de uma divisão ou função, ou consultor de alguém que ocupe tal posição, as cinco etapas apresentadas aqui darão um panorama dos aspectos envolvidos.

É claro que nem todas as pessoas estão em uma posição que permita conduzir uma iniciativa de simplificação abrangente, plurianual. Mas mesmo que não seja o seu caso, você não precisa esperar que alguém tome a iniciativa. Há muito por fazer, no seu próprio trabalho e na sua esfera de influência, para combater a complexidade e tornar a vida mais simples e mais produtiva para você, seus colegas e seus clientes. Veja mais adiante algumas formas de começar a colocar isso em prática.

CAPÍTULO 7

A simplicidade começa por você

Todos conhecem bem a expressão KISS: *"Keep it simple, Stupid* (Não complique, estúpido!)". Ela se tornou banal pelo uso exagerado. Talvez por isso, possamos estranhar sua presença em um livro sério sobre negócios. Mas, se você ocupa uma posição de liderança, seja de uma empresa inteira, de um departamento, de uma função, de uma equipe ou de um projeto, eis o seu desafio: **como manter procedimentos simples em meio a tanta complexidade?**

Você certamente se depara com diversas situações de complexidade, seja na mitose estrutural, na proliferação de produtos, na evolução de processos e em seu próprio comportamento e no de seus colegas. Fica claro que o combate à complexidade é uma tarefa sem fim. Mesmo com uma estrutura de ação de combate de longo prazo, talvez seja tentador acreditar que simplificar processos é uma tarefa complexa e que, portanto, é melhor atribuir essa responsabilidade a outra pessoa. Mas isso seria um equívoco.

A simplificação não precisa ser complexa. Ela não precisa ser difícil. Você pode fazer muito hoje e a cada dia para simplificar processos da sua organização para você, para seus colegas e para os clientes. E para tanto, não precisa ser o CEO, nem estar comandando uma estratégia de simplificação abrangente que se estenda por vários anos. Por que esperar? Não perca tempo. É simples: **basta começar!**

Se não for você, quem o fará?

Se você está esperando que alguém comece o processo de simplificação, talvez precise aguardar por um longo período. É claro que os esforços de simplificação já fazem parte da vida de alguns CEOs iluminados e inovadores. Mas para cada

Jeffrey Immelt, Annika Falkengren e Gary Rodkin, há centenas de outros CEOs que continuam suas batalhas sem reconhecer a dificuldade da complexidade que os cerca ou sem compreender como eles podem estar contribuindo para agravar o problema. Até mesmo aqueles que conseguem enxergar a complexidade ao seu redor muitas vezes não sabem como agir. Se o gerente com quem ou para quem você trabalha tem esse perfil, é como se você tivesse comprado um bilhete de loteria. Sua probabilidade de ingressar em um mundo mais simplificado é quase a mesma de ter um bilhete premiado, a menos que você faça algo para mudar essa situação.

Meu colega Robert Schaffer resume a situação da seguinte forma: a maioria dos gerentes age como se vivessem em uma caixa – uma caixa que limita suas ações. É óbvio que parte da caixa é determinada pelos limites oficiais estabelecidos nas descrições do cargo, nas disposições hierárquicas e nas regras de trabalho formal. Mas grande parte da caixa, talvez o seu maior espaço, é criado e imposto pelo próprio indivíduo. Trabalhamos dentro de nossas zonas de conforto, fazendo o que acreditamos que deve ser feito ou o que achamos que os outros desejam que façamos. Mas, na maior parte do tempo, não questionamos, não desafiamos, nem testamos esses limites, o que torna-os autoperpetuadores.

Vejamos alguns exemplos comuns:

- Quantas vezes você foi a uma reunião que não tinha uma pauta, não tinha um conjunto claro de objetivos, foi mal conduzida e parecia improvável de gerar resultados claros e etapas subsequentes e, mesmo assim, você não fez nada a respeito disso?

- Quantas vezes você recebeu *e-mails* ou relatórios desnecessários que não precisava verificar e, mesmo assim, não revelou aos emissores que suas mensagens estavam obstruindo sua caixa de entrada?

- Quantas vezes você assistiu a apresentações com *slides* demais, pontos confusos e um excesso de dados e, mesmo assim, não fez comentários para o apresentador?

- Quantas vezes você assumiu uma tarefa ou um projeto sem uma meta clara, um prazo específico ou resultados mensuráveis e, mesmo assim, simplesmente aceitou a confusa tarefa como parte das suas obrigações na empresa?

- Quantas vezes você escutou as reclamações de clientes e colegas sobre processos demorados ou que não faziam sentido e, mesmo assim, não tomou providências para corrigir o problema subjacente?

- Quantas vezes você participou de atividades da empresa como o planejamento orçamentário e estratégico, acreditando que deveria existir uma opção melhor e, mesmo assim, não compartilhou suas idéias com os outros?

- Quantas vezes você pensou consigo mesmo que os produtos ou serviços da sua empresa eram complicados demais, muito numerosos ou pouco amigáveis e, mesmo assim, simplesmente aceitou essas complexidades como uma forma normal de fazer negócios?

No final da década de 1960, era comum dizer que, **se você não fazia parte da solução, fazia parte do problema**.[1] Isso ainda se aplica, especialmente à simplificação organizacional. Costumamos presumir que as coisas são de determinada forma e que não podemos influenciá-las nem modificá-las. **Mas por que não tentar simplificar, melhorar e agilizar as coisas? Se você não começar a simplificar, quem o fará?**

Afinal, as organizações são sistemas sociais complexos. Elas são uma combinação dos pontos fortes e dos pontos fracos de centenas ou milhares (ou centenas de milhares) de pessoas. Diante dessa complexidade, é natural perceber que as ações de uma pessoa não farão muita diferença. Um gerente chegou a comentar: "É como cuspir no oceano." Mas aceitar esta explicação (ou desculpa) pela inação faz parte de uma manobra inconsciente que perpetua e amplifica a complexidade. Quanto mais você aceitar a complexidade sem fazer nada, pior será. Por outro lado, se você fizer exatamente o oposto, até mesmo simplificando pequenas coisas sob seu controle, estará influenciando outros a adotarem sua visão ou seu impacto será infinitamente maior.

Para provar que isso funciona, vejamos os casos de dois gerentes que adotaram essa abordagem.

Tomando a iniciativa de simplificar

Quando Terry Davis entrou para a divisão ABC Clinical Software como o primeiro vice-presidente de operações da unidade, em julho de 2007, a definição de seu cargo era um pouco aberta e amorfa.[2] Sua organização era líder na apresentação de soluções de *software* para equipes médicas, ajudando hospitais a integrar informações clínicas com maior eficácia. Assim como diversas empresas de *software*, a ABC se empenha para equilibrar seu apoio a clientes existentes com o desenvolvimento de novos aplicativos - ambas envolvem os mesmo desenvolvimento de *software* e equipes de atendimento ao consumidor. A tarefa de Terry era observar como este sistema operava de ponta a ponta e identificar áreas de aprimoramento para seus clientes.

Em poucos dias, Terry começou a perceber o real motivo da sua contratação: quase todas as pessoas com as quais ele falou estavam se sentindo muito sobrecarregadas de trabalho. O *software* clínico em hospitais tem uma função crítica e problemas com ele abalam o atendimento a pacientes. Portanto, a maior prioridade na ABC era apoiar os aplicativos existentes, muitos dos quais adquiridos de outras empresas e associados para operar com outros sistemas hospitalares. Manter tudo isso em operação efetiva costumava exigir habilidades específicas que estavam em falta. Como resultado, os profissionais de desenvolvimento estavam constantemente sendo retirados de um projeto e utilizados em outro. Assim, parecia-lhes que seus projetos não eram concretizados no tempo esperado. Ao mesmo tempo, equipes de clientes estavam trabalhando no local para instalar ou atualizar aplicativos, e as equipes costumavam encontrar problemas que exigiam a consulta dos mesmos desenvolvedores. É claro que os desenvolvedores supostamente estariam trabalhando em novos aplicativos e produtos; portanto, ao mudar as prioridades, eles estariam se arriscando a adiar as datas de liberação do novo *software*. A exacerbação dessas dinâmicas foi a realidade enfrentada rapidamente pela ABC, em parte através de aquisições, e ainda estava na curva de aprendizagem para processos maduros e padronizados.

Em conjunto, essas questões exercem uma enorme pressão sobre a organização. Para concluir todo o trabalho, a administração queria contratar e treinar mais desenvolvedores, mas não conseguiu contratar um número suficiente, pois precisou também conter as despesas. Ao mesmo tempo, ela estava constantemente reagindo a problemas urgentes de clientes, lidando com uma força de trabalho estressada e trabalhando no limite, como a maioria das empresas de *software*, para lançar seus novos produtos. O cenário não era favorável.

Diante dessa complexidade, Terry percebeu que não bastava criar critérios de mensuração e modelos operacionais. Na melhor das hipóteses, os critérios de mensuração trariam à tona os problemas, mas não apresentariam soluções. Na pior das hipóteses, indicadores e medidas adicionais levariam as pessoas a se sentirem mais sobrecarregadas ainda e frustradas. Assim, ele seria rotulado como um burocrata corporativo, e não como alguém que poderia ajudar, especialmente diante dos desenvolvedores, que certamente não desejavam mais preencher relatórios, ou perante seus colegas da alta gerência, que já não suportavam tamanho encargo administrativo.

Terry acabara de deixar outra função administrativa (em uma importante cadeia de varejo de produtos alimentícios), onde encontrou uma complexidade operacional semelhante. Ele pesquisou sobre o *Seis Sigma* e o *Work-Out*. Gostava da ideia de envolver as pessoas em prol da solução de problemas, em vez de dizer a elas o que deveriam fazer. Mas seus esforços não foram valorizados na empresa e ele não conseguiu fazer progressos. Diante da situação na ABC, ele decidiu tentar novamente. Acreditava que um dos segredos do aprimoramento seria identificar e eliminar trabalhos em andamento pelos desenvolvedores que fossem desnecessários ou que agregassem pouco valor. Assim, sobraria mais tempo para resolver problemas dos clientes e desenvolver novos produtos.

Mas como iniciar um esforço de simplificação de trabalhos em uma empresa quando você não é o CEO, ninguém lhe dá permissão para isso e nenhuma das pessoas que deveriam estar envolvidas de fato se reporta a você? Esse era o problema de Terry. Para solucioná-lo, ele decidiu pressupor que tinha um mandato pois era o novo vice-presidente de operações, e que poderia definir seu papel em conformidade, pelo menos até alguém apontar o contrário. Com essa mentalidade, Terry começou a falar com os demais gerentes e com os funcionários sobre suas ideias para melhorar as operações e sobre as abordagens como o *Work-Out* e o *Seis Sigma*. Em duas semanas, ele conseguiu coletar uma longa lista de oportunidades e também chamou a atenção para a possibilidade de que as coisas mudassem. Na verdade, quando ficaram sabendo que Terry tentaria resolver os problemas de sobrecarga de trabalho e dificuldade nos processos, as pessoas começaram a procurá-lo e enviaram-lhe *e-mails* espontaneamente, sugerindo mais ideias.

Munido da lista de oportunidades, Terry conseguiu convencer seu chefe a executar alguns *Work-Outs* pilotos com a ajuda de um de meus colegas. Terry pediu a um parceiro da alta gerência que mostrou apoio aos seus esforços de copatrocinar as primeiras sessões. Mas depois a realidade se interpôs. A empresa sofria enorme pressão para melhorar sua estrutura de custos e Terry precisava certificar-se de que o *Work-Out* não fosse visto como apenas mais um veículo para **reduzir o efetivo**. Assim, Terry decidiu desacelerar e esclarecer mais seus colegas e funcionários sobre como a eliminação de trabalhos de pouca relevância e a simplificação de processos seriam benéficas não apenas para a estrutura de custos, mas também para a qualidade da vida de todos no trabalho, especialmente considerando que as demandas por parte dos clientes e pelo cumprimento de programações de novas liberações não diminuiriam. Como as pessoas já se esforçavam para lidar com essa realidade, as coisas só tendiam a piorar, a menos que tomassem alguma providência. Para reforçar essa mensagem, Terry criou um conjunto de regras operacionais básicas, conforme mostrado na Figura 7.1.

Utilizando essas regras básicas como ponto de partida, Terry iniciou a primeira sessão do *Work-Out*, em dezembro de 2007. Trinta e cinco pessoas de desenvolvimento, atendimento ao cliente e áreas funcionais passaram um dia inteiro pensando em formas de economizar tempo e depois fizeram recomendações específicas a Terry e ao gerente de atendimento ao cliente. Juntos, eles aprovaram ideias para simplificar o processo de redefinição de senhas, reduzindo solicitações de informações em operações de serviços, otimizando o processo de registro do tempo para contratadores internos, reduzindo o tempo de preparação e análise dos acordos de serviços, entre outros. Os participantes concordavam com a implementação e o acompanhamento, a fim de garantir que as mudanças de fato emplacassem e que as **cinco mil horas** estimadas de economia de tempo fossem atingidas. O mais importante é que agora as pessoas sentiam que o gerenciamento começava a agir em relação à carga de trabalho caótica e a falta de processos simples. A mensagem de Terry estava sendo compreendida.

Quando as pessoas da empresa ficaram sabendo do primeiro *Work-Out*, a demanda por ele começou a aumentar. Uma gerente de nível médio que tinha participado do primeiro *Work-Out* percebeu que existia potencial para avançar no atendimento ao cliente; ela convenceu seu chefe a patrocinar uma sessão adicional apenas para seu grupo. À medida que o interesse aumentava, Terry retomou sua lista original de ideias de simplificação de processos e pediu à equipe sênior para apoiar o trabalho. A equipe concordou em treinar o pessoal interno para projetar e facilitar *Work-Outs*. Nos meses seguintes, os consultores treinaram seis *designers* e onze facilitadores capazes de conduzir *Work-Outs* internamente. Os consultores e o pessoal interno contribuíram, projetando e

FIGURA 7.1
As regras operacionais básicas de Terry Davis

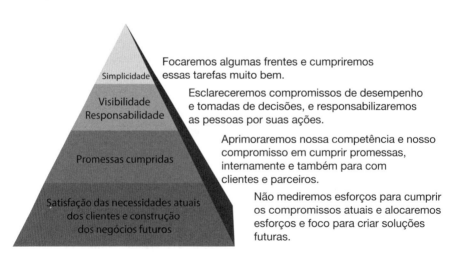

conduzindo *Work-Outs* de simplificação sobre dois projetos principais: mensagens de erro e disponibilidade 24/7 dos principais ambientes de sistemas. Terry desenvolveu um método e um plano para dar prosseguimento aos esforços no ano seguinte, permitindo a inserção de um novo processo a cada mês ou em um curto espaço de tempo. A meta geral era eliminar pelo menos cinquenta mil horas de tempo desperdiçado. Também havia planos em andamento para envolver um cliente de hospital importante em um esforço conjunto de simplificação. O impacto não seria ruim para um indivíduo com um trabalho amorfo e nenhuma condição de impulsionar a simplificação.

Todos podem ser como Terry Davis

A lição que Terry Davis deixa com sua experiência é a de que não é necessário ser um CEO para impulsionar a simplicidade na sua organização. Nem é necessário ter uma atribuição formal ou uma autoridade formal. Você pode contar com sua própria energia, sua própria competência para levantar questões e sua própria iniciativa para fazer as coisas acontecerem. A maioria das pessoas em organizações deseja adotar a simplicidade – não é preciso convencê-las a fazer isso. Se você puder ajudá-las a compreender como podem obter resultados melhores e, ao mesmo tempo, facilitar suas vidas, elas o escutarão. E se conseguir fazê-las entrar em ação, você será um herói. A única limitação é você mesmo – sua própria definição da caixa em torno do seu trabalho. Expanda a sua caixa. Expanda o impacto de suas realizações.

Vejamos outro exemplo rápido: Mieko Nishimizu se aposentou em 2004 como vice-presidente da região sul-asiática do Banco Mundial. Cidadã japonesa, Mieko fez um treinamento em economia e começou sua carreira como acadêmica antes de ingressar no Banco Mundial, em 1980. Após uma série de avaliações técnicas e conselhos financeiros, Mieko foi nomeada diretora nacional para diversos países sul-asiáticos em 1995, e vice-presidente regional em 1997.[3]

Ao se ver pela primeira vez gerenciando países, ela percebeu que, apesar de sua missão ser a redução da pobreza, ela não compreendia de fato o que isso significava do ponto de vista dos clientes, das pessoas que viviam nos países. Ela conseguia fazer a análise intelectual de receitas *per capita* e da saúde macroeconômica, mas isso não a levava a compreender as vidas cotidianas das pessoas a quem ela supostamente deveria ajudar. Sem essa compreensão emocional subjacente, os programas, as políticas e os produtos desenvolvidos por ela e sua equipe provavelmente estariam equivocados. Ela precisava de uma linha mais simples e mais direta de visão da sua clientela.

Como resultado desse *insight*, Mieko passou seis semanas em uma área remota do Paquistão convivendo com moradores de um vilarejo rural. Posteriormente, ela descreveu tal período como uma **"experiência surpreendente"**: "Cheguei lá com a mentalidade de uma economista e saí de lá modificada. Aprendi sobre a sabedoria de pessoas economicamente menos privilegiadas, o que fazem para controlar suas vidas e para expandir seus horizontes. E enxerguei o Banco Mundial através de seus olhos."

Passados dois anos, quando Mieko se tornou vice-presidente regional, ela incentivou seu *staff* a repetir sua experiência, que ficou conhecida como o **"programa de imersão em um vilarejo"**. Nesse programa, profissionais do Banco Mundial passavam duas semanas convivendo com as pessoas economicamente desfavorecidas em seus vilarejos, com o apoio de ONGs locais. Mieko acabou tornando o programa obrigatório para determinadas categorias do seu *staff*. Em uma questão de poucos anos, mais de duzentas pessoas haviam participado do programa. Logo outras regiões do banco também adotaram o programa.

A iniciativa simples de Mieko teve um profundo impacto. Veja como ela descreve isso:

> "A mentalidade colonial ocidental tradicional é a de que 'nós' sabemos melhor que ninguém como oferecer assistência. Mas a experiência de morar com pessoas economicamente menos privilegiadas modificou por completo essa noção. Não sabemos como fazer melhor as coisas. Precisamos ter humildade para com nossos clientes, escutá-los atentamente, compreender suas necessidades e ajudá-los de maneira holística a resolver seus próprios problemas... Caso contrário, acabaremos construindo uma escola para meninas sem banheiros ou criando serviços de expansão agrícola sem estradas."

Segundo Mieko, o programa de imersão em um vilarejo "serviu de alerta sobre a atitude do Banco Mundial de ouvir e aprender, em vez de mandar e impor."

Ninguém pediu a Mieko para mudar a perspectiva do Banco Mundial e que seu *staff* profissional se voltasse mais para os clientes. Ninguém deu a ela a incumbência de refocar os empréstimos do banco e os produtos de assistência técnica para simplesmente atender às necessidades dos clientes. Mieko expandiu seu próprio mundo e seu próprio senso de iniciativa. Ela ampliou a caixa ao seu redor e criou um modelo a ser seguido por muitos.

Oportunidades de impacto

O que fazer quando você aceita a ideia de tomar a iniciativa de impulsionar a simplicidade? Que medidas tomar para ampliar a caixa ao seu redor e tornar a simplificação algo mais real na sua organização? Vejamos cinco ideias simples:

- Encare o espelho.
- Apresente um caso de negócios.
- Estimule novas ideias – de fora para dentro.
- Crie uma coalizão.
- Demonstre que a simplicidade faz a diferença.

Encare o espelho

Grande parte da complexidade em organizações é inconsciente e não intencional. Tendemos a aceitá—la e a conviver com ela e, após algum tempo, passamos a não enxergá-la. É por isso que o espelho é uma ferramenta poderosa: ele ajuda as pessoas a enxergarem coisas a respeito de si próprias que não conseguem ver por si mesmas.

Os instrumentos de diagnóstico incluídos neste livro, especialmente o questionário do Capítulo 1, o ajudarão a ser aquela pessoa que mostra um espelho para sua organização e ajuda as pessoas a encarar a complexidade que elas têm considerado como algo certo e seguro. Mas lembre-se de que os instrumentos sozinhos não são suficientes; eles precisam ser associados a uma grande dose de diálogos e discussões. Caso contrário, as pessoas terão uma visão fragmentada do espelho, podendo, assim, gerar uma imagem distorcida. É necessário aglutinar diversas pessoas, talvez de diferentes cargos ou níveis, para adicionar todas as suas perspectivas. A combinação dos diferentes pontos de vista produzirá uma imagem mais clara.

Apresente um caso de negócios

Apesar de a complexidade em geral ser perturbadora e incômoda, o real motivo do ataque a ela precisa estar relacionado a resultados dos negócios. Senão, a simplicidade permanecerá sendo um valor ao qual as pessoas aspiram, e não um real vetor de mudança e aperfeiçoamento. Os líderes aqui descritos compreenderam isso e adotaram a simplicidade como um ditame dos negócios. Mas você não precisa ser o CEO para destacar a justificativa dos negócios voltados para a simplificação. Todos os gerentes (e funcionários) podem fazer isso para as áreas em que trabalham ou a partir de suas próprias perspectivas.

Há certamente diversas formas de adotar a simplicidade em um caso de negócios. Você pode fazer uma análise de tempo quantitativa para saber quanto tempo leva para você e seus colegas concluírem um processo de negócios importante, e também revelar as economias obtidas como resultado da eliminação de etapas desnecessárias. Você pode fazer uma análise semelhante de como você e seus colegas utilizam o tempo disponível, concentrando-se em quanto tempo é dedicado a tarefas de missão crítica e em quanto tempo é destinado a atividades de pouca relevância ou sem valor agregado. Você também pode fazer uma análise comparativa de seu desempenho *versus* o desempenho da concorrência - quanto tempo sua empresa leva para vender (instalar, precificar, resolver ou responder) comparado ao tempo que um concorrente leva para fazer o mesmo. Você pode verificar os custos associados à complexidade de produtos e à proliferação de SKU, conforme ilustrado no exemplo da cadeira Aeron, no Capítulo 3.

A questão é que você precisa criar um contexto convincente para justificar a importância da simplicidade e como ela fará diferença. Se você deseja chamar a atenção das pessoas, mostre a elas onde o dinheiro se concentra ou onde ele deve se concentrar.

Estimule novas ideias – de fora para dentro

Lembre-se da importância de projetar sua organização, seus produtos e seus processos voltados para os clientes. Em geral, há uma correlação direta entre a simplicidade e a sua capacidade de alinhamento com o que os clientes desejam, quando o desejam e como o desejam. Isso não significa que você não pode influenciar seus clientes ou oferecer inovações jamais imaginadas por eles. Mas você precisa pelo menos partir da perspectiva dos clientes para que sua inovação esteja enraizada na realidade deles.

Com exceção dos vendedores, dos representantes de atendimento ao cliente e de alguns altos executivos, a maioria das pessoas em organizações não têm um contato direto constante com os clientes. Portanto, é fácil isolar-se, pensar de dentro para fora e não de fora para dentro. Então, que tal colocar a perspectiva do cliente em primeiro plano? Você tem várias oportunidades de fazer isso, seja qual for o seu cargo na empresa. Por exemplo:

- Convide um cliente para participar de uma reunião com a sua equipe.
- Faça uma visita a um cliente junto com sua equipe.
- Passe algumas horas escutando chamadas telefônicas com os representantes de atendimento ao cliente, ao vivo ou conversas gravadas.
- Peça a cada funcionário para entrevistar um cliente e, depois, fazer uma reunião para reportar e rever o aprendizado.
- Solicite comentários e ideias de clientes através de questionários eletrônicos, redes sociais e grupos de interesse comunitários *on-line*.

E você pode fazer tudo isso, e muito mais, com clientes internos e também negócio a negócio ou com clientes finais. A única limitação é a sua própria criatividade, além das restrições da caixa que você cria ao seu redor e em torno da sua equipe. Mas quando o foco no cliente se torna um hábito, isso quase sempre desperta novas ideias sobre como projetar seu trabalho (ou mesmo seus produtos ou serviços) de maneira mais simples.

Crie uma coalizão

Ao utilizar a simplificação como modelo na sua área de atuação, isso certamente terá um impacto sobre sua própria organização. Isso não passará despercebido por outros gerentes e suas inovações poderão se difundir na organização de forma orgânica, como ocorreu no programa de imersão em um vilarejo, de Mieko, adotado no Banco Mundial. Para que o impacto seja ainda maior, contudo, você pode intencionalmente criar uma coalizão de gerentes com o mesmo tipo de mentalidade para compartilhar ideias e práticas recomendadas, além de discutir em conjunto sobre a complexidade sistêmica. Em grande parte, foi exatamente essa a abordagem de Terry Davis na ABC. Ele não tinha seu próprio mandato, mas ao indagar outros gerentes e o *staff*, ele descobriu que alguns colegas queriam se unir a ele. A representação desta coalizão facilitou a missão de garantir o apoio de seu chefe e adquirir verba para consultoria. Isso também acelerou a multiplicação de atividades de simplificação pois outros gerentes adotaram o mesmo modelo em suas áreas de atuação e estavam dispostos a participar dos esforços que cruzavam linhas funcionais.

Entretanto, a condução de uma série de reuniões independentes não é a única forma de criar uma coalizão para simplificação. As tecnologias sociais de que dispomos hoje podem ser veículos poderosos para despertar o interesse pela simplificação, obter rápido *feedback*, testar ideias e compartilhar experimentos.[4] Muitas empresas, como a Intuitive Surgical, em Sunnyvale, Califórnia, estão incentivando seus funcionários a criar e participar de redes sociais internas que possam servir como fóruns de debate dos principais tópicos, como, por exemplo, a complexidade de produtos ou processos. A Cisco Systems utiliza o Intranet para envolver seus funcionários em discussões sobre estratégias e táticas de *marketing*, bem como solicitar ideias e obter *feedback* sobre elas. Outra empresa de alta tecnologia utiliza um *site* interno semelhante ao YouTube para compartilhar amostras de vídeos de dois minutos com iniciativas de simplificação de funcionários. A Intel criou uma *wiki* (*website* ou *software* que permite a edição coletiva de documentos) interna denominada Intelpedia que tem milhares de entradas geradas por funcionários para ajudar as pessoas a navegar por diferentes tipos de questões técnicas e organizacionais.[5] Muitas empresas também estão usando *blogs*, *sites* virtuais (como o *Second Life*), o *YouTube* e diversos *sites* externos de rede social para reunir as pessoas de forma ativa, inclusive os clientes. Não resta a menor dúvida de que, quanto maior o número de pessoas na força de trabalho que cresceram usando tais tecnologias e formas de se conectar, maior será a probabilidade de essas ferramentas tecnológicas se tornarem oportunidades ainda mais evidentes de criar coalizões.

Demonstre que a simplicidade faz a diferença

As quatro primeiras táticas talvez apresentem a ideia implícita de que, na verdade, você precisa fazer algo para mudar o estado das coisas. A simplicidade é um assunto fascinante. Quase todo mundo sente uma espécie de catarse ao compartilhar suas histórias de combate à complexidade. Mas nada dá tanto impulso à simplificação quanto o sucesso real. Talvez esta seja a principal mensagem deste livro: **o caminho para tornar as coisas mais simples na sua organização é começar logo a simplificar**. Não perca tempo. Aprenda com suas experiências e tente novamente. Basicamente, todas as táticas, estratégias e planos se resumem a uma coisa: entrar em ação, obter alguns resultados iniciais e ter como base o sucesso. Faça isso sozinho, com sua equipe ou com seus colegas. O importante é realmente fazer algo.

Este livro tem por objetivo ser **10% inspirador** e **90% "transpirador"** (me refiro aqui ao esforço individual). Combater a complexidade e criar uma organização mais simples é uma tarefa nada fácil. As enxurradas de complexidade – econômica, social, tecnológica e psicológica – continuam intensas. E faz parte da natureza humana exacerbar e exagerar a complexidade. Se fosse fácil, todas as organizações seriam simples. Quem não gostaria que fosse assim? Mas, apesar de tudo, a simplificação é possível quando você está disposto a começar a fazer algo. Simplifique uma apresentação. Otimize um processo. Concentre-se em suas ofertas de serviços. Facilite a compreensão das atribuições ou instruções. Reduza a quantidade de *e-mails*. Comece por onde você tem um certo controle e pode fazer a diferença, e depois prossiga em outras frentes.

A essência deste livro (os capítulos que abordam a mitose estrutural, a proliferação de produtos, a evolução de processos e o comportamento gerencial) oferece um amplo *kit* de ferramentas para a simplificação. Para facilitar a consulta, você encontra aqui uma lista resumida (Tabela 7.1) destas ferramentas e abordagens (apresentadas pela primeira vez no Capítulo 1). Utilize essas ferramentas conforme necessário, seja para dar o primeiro passo e demonstrar os resultados iniciais, ou como parte de uma estratégia mais abrangente de longo prazo.

TABELA 7.1
Guia da simplicidade

	Causas da complexidade	Abordagens para aumentar a simplicidade
Mitose estrutural	• Foco na estrutura antes da estratégia. • Projeto com base em pessoas e personalidades. • Criação de organizações mecânicas e não orgânicas.	• Diferenciação entre o principal e o contexto. • Adoção de uma perspectiva do cliente. • Consolidação de funções e tarefas semelhantes. • Desenvolvimento de camadas e aumento de intervalos de controle.
Proliferação de produtos	• Complexidade do volume. • Complexidade do apoio. • Complexidade do sistema. • Complexidade do projeto.	• Análise de portfólio. • Racionalização e redução de unidades de armazenagem (SKUs). • Parcerias com projetos de clientes.
Evolução de processos	• Diferenças locais. • Multiplicação de etapas e ciclos. • Informalidade do processo. • Falta de transparência multifuncional ou entre unidades.	• Identificação de práticas recomendadas. • Mapeamento e reformulação de processos. • *Seis Sigma* e *Lean*. • Resultados rápidos. • *Work-Out*.
Comportamento gerencial	• Supervalorização de pontos fortes. • Evitação de áreas de desconforto.	• **Estratégia, planejamento e orçamento** - decida sobre o nível de detalhamento necessário. • **Definição de metas e criação de demanda** - melhore a calibração e evite os sete pecados mortais. • **Comunicações** - esclareça as mensagens e identifique quem precisa recebê-las.

Para facilitar a escolha da ferramenta mais adequada, considere as variáveis mostradas na Figura 7.2.[6] Qual é o resultado de negócios a ser alcançado? Que fonte de complexidade precisa ser tratada para atingir esse resultado? Qual é a causa da complexidade? Que ferramenta ou abordagem melhor se adéqua para eliminar esta causa da complexidade? Que tipo de liderança você ou outras pessoas podem exercer para obter melhores resultados? Ao alinhar sua estratégia de simplificação pessoal com as respostas a essas perguntas, você pode criar

FIGURA 7.2

Desenvolvendo uma estratégia de simplificação pessoal: variáveis a serem consideradas

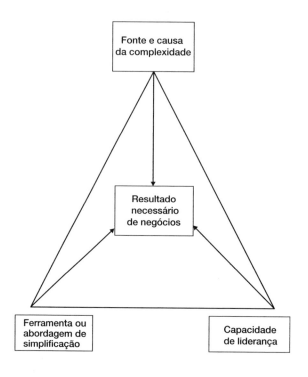

uma forma poderosa e personalizada de começar a fazer algo e de expandir a caixa em torno do seu trabalho e da sua carreira. Se você não tomar as rédeas da situação, quem o fará?

Gerenciamento voltado para a simplicidade: a próxima fronteira

Todo gerente, seja ele CEO, presidente de divisão, líder funcional, supervisor ou líder de equipe, tem a capacidade de simplificar. É provável que isso não conste nas atribuições do seu cargo, nem faça parte das competências de liderança da sua empresa. Mas deveria. E cabe a você colocar esse item em destaque na sua lista de afazeres. Gary Rodkin, da ConAgra Foods, declara: "A simplificação é a próxima fronteira da produtividade."

Toda organização, com ou sem fins lucrativos, de capital aberto ou fechado, empenha-se em qualquer negócio para concluir tarefas em tempo hábil. Quando você consegue cumprir sua missão utilizando menos etapas, processos mais claros, maior alinhamento com as necessidades dos clientes e menos ações desnecessárias, ganha vantagem competitiva em um mundo cada vez mais complexo, global e que muda muito rápido. Para fazer isso, você precisa expandir a caixa em torno do seu trabalho, redefinindo sua função e seu escopo de autoridade. Mostre o espelho para a organização. Convença que vale a pena adotar a simplificação nos negócios. Incentive a inclusão de uma perspectiva externa. Crie uma coalizão. E demonstre resultados. Depois, faça tudo isso novamente. Não se acomode.

Mesmo que você siga todas essas etapas simples, talvez os resultados não sejam perfeitos. Mas, aos poucos, você expandirá sua caixa e seus colegas notarão a diferença. Sua influência e seu impacto irão além da função formalmente descrita para você. Sua carreira tomará rumos jamais imaginados. É provável até que você inicie um movimento e provoque uma revolução na sua empresa. Entretanto, mesmo que suas aspirações sejam mais modestas, suas ações habilitarão sua organização a ter mais chances de sobreviver e prosperar no mundo complexo do século XXI.

Lembre-se: **a simplicidade começa por você!**

NOTAS

Introdução

1. Ron Ashkenas, *Simplicity-Minded Management*, Harvard Business Review, dezembro de 2007.
2. Jenny Anderson e Heather Timmons, *Why a U.S. Subprime Mortgage Crisis Is Felt Around the World*, New York Times, 31 de agosto de 2007, WWW.nytimes.com/2007/08/31/business/worldbusiness/31derivatives.html.
3. Thomas Friedman, *The World Is Flat* (New York: Farrar, Straus and Giroux, 2005); Alvin Toffler, *Future Shock* (New York: Bantam Press, 1984).
4. *Dilbert on How to Save your Career*, Fortune Magazine online, http://askannie.blogs.fortune.cnn.com/2008/12/11/dilbert-on-how-to-save-your-career/.

Capítulo 1

1. Ver John C. Bogle, *Enough: True Measures of Money, Business, and Life* (New York: John Wiley, 2008).
2. Ver Margaret J. Wheatley, *Leadership and the New Science: Discovering Order in a Chaotic World*, 3ª edição. (San Francisco: Berrett-Koehler, 2006).
3. Para obter uma discussão sobre modismos comuns de gerenciamento, consulte Ron Ashkenas, *Beyond the Fads: How Leaders Drive Change with Results*, em *Managing Strategic and Cultural Change in Organizations*, Ed. C. Schneier (Chicago: Human Resource Planning Society, 1995).
4. Bill Jensen, *Simplicity: The New Competitive Advantage in a World of More, Better, Faster* (New York: Perseus, 2000).

Capítulo 2

1. *Industrial Autocracy and the Workingman*, New York Times, 16 de março de 1919 (material de arquivo).
2. Para obter uma discussão mais detalhada da organização como um organismo vivo e não como uma construção mecânica, consulte Margaret J. Wheatley, *Leadership and the New Science: Learning About Organization from an Orderly Universe* (San Francisco: Berrett-Koehler, 1992). Consulte também Ron Ashkenas, Dave Ulrich, Todd Jick e Steve Kerr, *The Boundaryless Organization*, 2ª edição (San Francisco: Jossey-Bass, 2002).
3. Geoffrey Moore, *Dealing with Darwin: How Great Companies Innovate at Every*

Phase of Their Evolution (New York: HarperCollins, 2005).

4. As informações sobre o Office of the Future foram extraídas da entrevista do autor com Jordan Cohen, e do seguinte artigo: Arianne Cohen, *Scuttling Scut Work, Fast Company*, fevereiro de 2008, 42-43.

5. George Hattrup e Brian H. Kleiner, *How to Establish the Proper Span of Control for Managers, Industrial Management*, novembro-dezembro de 1993.

6. Arlene Weintraub, *Can Pfizer Prime the Pipeline? BusinessWeek*, 31 de dezembro de 2007-7 de janeiro de 2008, 90-91.

7. Lew Trecarten, *Lindex: An Organizational Layering Index, Optimum* 21.1 (1990-1991): 52-67.

Capítulo 3

1. A equipe incluía pessoal de Zurique e consultores da firma holandesa de *marketing* VODW, que poderia oferecer uma perspectiva externa, objetiva.

2. Se quiser obter mais informações sobre este caso, consulte Robert Schaffer e Ron Ashkenas, *Rapid Results: How 100-Day Projects Build the Capacity for Large-Scale Change* (New York: Jossey-Bass, 2005), 188-189.

3. John Graham, *The iPod As a Business Model, Air Conditioning, Heating and Refrigeration News*, 12 de fevereiro de 2007, 16.

4. Linda Tischler, *The Beauty of Simplicity, Fast Company*, 19 de dezembro de 2007.

5. Ibid.

6. Consulte Tom Kelly, *The Art of Innovation: Lessons in Creativity from IDEO, America´s Leading Design Firm* (New York: Doubleday, 2001).

7. John Maeda, *The Laws of Simplicity: Design, Technology, Business, Life* (Cambridge, MA: MIT Press, 2006).

8. A evolução dos negócios de serviços financeiros de varejistas da GE até 2002 é descrita em Ron Ashkenas, Dave Ulrich, Todd Jick e Steve Kerr, *The Boundaryless Organization*, 2ª edição (San Francisco: Jossey-Bass, 2002).

9. Caso apresentado por Richard Lesser e Amyn Merchant da BCG e usado com a permissão deles.

10. A competição premiada The Designs of the Decade: Best in Business 1990-1999 era patrocinada pela IDSA (Industrial Designers Society of America) e pela revista *BusinessWeek*. Para obter informações sobre a premiação de 2002, consulte *The 15 Best Product Designs, Fast Company*, junho de 2002.

11. Extraído do *showroom* de produtos on-line de Herman Miller, www.hermanmiller.com.

12. Para obter informações adicionais sobre como a Cisco utiliza contribuições de clientes para ficar à frente das tendências tecnológicas, consulte Bronwyn Fryer e Tom Stewart, *Cisco Sees the Future: Interview with John Chambers, Harvard Business Review*, novembro de 2008, 72-79.

Capítulo 4

1. Christopher Bartlett e Sumantra Ghoshal, *Managing Across Borders* (Boston: Harvard Business School Press, 1989).

2. Ron Ashkenas, Dave Ulrich, Todd Jick e Steve Kerr, *The Boundaryless Organization: Breaking the Chains of Organizational Structure*, 2ª edição (San Francisco: Jossey-Bass, 2002), 259.

3. Dave Ulrich, Steve Kerr e Ron Ashkenas, *The GE Work-Out* (New York: McGraw-Hill, 2002), 153.

4. Ron Ashkenas, Lawrence DeMonaco e Suzanne Francis, *Making the Deal Real: How GE Capital Integrates Acquisitions*, Harvard Business Review, janeiro-fevereiro de 1998, 165-178.

5. Para obter mais informações sobre a identificação e o compartilhamento de práticas recomendadas, consulte Jac Fitz-Enz, *The 8 Practices of Exceptional Companies: How Great Organizations Make the Most of Their Human Assets* (New York: AMACOM Division American Management Assn., 2005); e Stephen Denning, *The Secret Language of Leadership: How Leaders Inspire Action Through Narrative* (San Francisco: Jossey Bass, 2007).

6. Para obter mais informações sobre o mapeamento e a reformulação de processos, consulte M. Hammer e J. Champy, *Reengineering the Corporation: A Manifesto for Business Revolution* (New York: Harper Business, 2001); e Ron Ashkenas, Todd Jick, Dave Ulrich e Catherine Paul-Chowdhury, *The Boundaryless Organization Field Guide* (San Francisco: Jossey Bass, 1998).

7. Para obter mais informações, consulte Rath & Strong, *Rath & Strong's Six Sigma Leadership Handbook*, ed. T. Bertels (New York: John Wiley and Sons, 2003).

8. Robert Schaffer e Ron Ashkenas, *Rapid Results: How 100-Day Projects Build the Capacity for Large-Scale Change* (San Francisco: Jossey-Bass, 2005). Consulte também Patrice Murphy, Celia Kirwan e Ron Ashkenas, "Rapid Results", em *The Change Handbook*, 2ª edição, eds. Peggy Holman, Tom Devane e Steven Cady (San Francisco: Berrett-Koehler, 2007), 450-464.

9. Nadim Matta e Ron Ashkenas, *Why Good Projects Fail Anyway*, Harvard Business Review, setembro de 2003.

10. Para obter mais informações, consulte Ulrich, Kerr e Ashkenas, *GE Work-Out*.

11. Ron Ashkenas, Matthew McCreight e Patrice Murphy, *Work-Out and Six Sigma*, em *Rath & Strong's Six Sigma Handbook*, ed. T. Bertels (New York: J. Wiley and Sons, 2003).

Capítulo 5

1. Bob Kaplan e Rob Kaiser, *The Versatile Leader* (San Francisco: Jossey-Bass, 2006).

2. Para verificar um debate mais prolongado sobre esta dinâmica psicológica, consulte Ron Ashkenas e Robert Schaffer, *Managers Can Avoid Wasting Time*, Harvard Business Review, maio-junho de 1982, 98-104.

3. Robert Kaplan e Robert Kaiser, *Stop Overdoing Your Strengths*, Harvard Business Review, fevereiro de 2009.

4. Henry Mintzberg, *Crafting Strategy*, Harvard Business Review, julho-agosto de 1987, 66-75.

5. Jeffrey Pfeffer e Robert Sutton, *The Knowing-Doing Gap: How Smart Companies Turn Knowledge into Action* (Boston: Harvard Business School Press, 2000).]

6. Robert Schaffer, *Demand Better Results – and Get Them*, Harvard Business Review, novembro-dezembro de 1974 (reedição revisada de março-abril de 1991).
7. Morgan McCall, *High Flyers: Developing the Next Generation of Leaders* (Boston: Harvard Business School Press, 1998).
8. Kaplan e Kaiser, *The Versatile Leader*.
9. Para obter mais detalhes da discussão sobre o planejamento de disciplinas e do que leva gerentes a evitá-las, consulte Robert Neiman, *Execution Plain and Simple: Twelve Steps to Achieving Any Goal on Time and on Budget* (New York: McGraw-Hill, 2004).
10. David J. Collis e Michael G. Rukstad, *Can You Say What Your Strategy Is?* Harvard Business Review, abril de 2008, 82-90.
11. John Cleese, *Meetings, Bloody Meetings* (John Cleese Business Training Videos, 1993).
12. Para obter uma descrição mais detalhada das mudanças iniciadas por Wolfensohn, consulte S. Mallaby, *The World's Banker* (New York: Penguin Press, 2004).

Capítulo 6

1. Este caso se baseia em entrevistas com os executivos da GE Mark Begor, John Lynch, Susan Peters e Lloyd Trotter, e também na observação pessoal do autor.
2. Jack Welch, *Jack: Straight From the Gut* (New York:Warner Business Books, 2001)
3. Dave Ulrich, Steve Kerr e Ron Ashkenas, *GE's Leadership Work-Out*, Leader to Leader (primavera de 2002).
4. Este caso se baseia em entrevistas com Annika Falkengren e Viveka Hirdman-Ryrberg.
5. Steve Kerr, *On the Folly of Rewarding A While Asking for B*, Academy of Management Journal (1975): 769-783. Ver também Steve Kerr, *Reward Systems: Does Yours Measure Up?* (Boston: Harvard Business Press, 2009).

Capítulo 7

1. Esta frase foi criada por meu amigo Charlie Rosner, como parte de uma campanha publicitária para a Vista, organização de serviços comunitários domésticos do governo, em 1968.
2. O caso descrito aqui é real, mas o gerente e a empresa são fictícios.
3. Este caso se baseia em uma entrevista com Mieko Nishimizu, concedida a Ron Ashkenas, Dave Ulrich, Todd Jick e Steve Kerr, *The Boundaryless Organization*, 2ª edição (San Francisco: Jossey-Bass, 2002), 243-246.
4. Para verificar a discussão na íntegra sobre como tecnologias sociais podem ser usadas para criar coalizões, consulte Charlene Li e Josh Bernoff, *Groundswell: Winning in a World Transformed by Social Technologies* (Boston: Harvard Business Press, 2008).
5. Ibid., 223. Um *wiki* é um *site* da *Web* que está aberto a modificações (correções, acréscimos ou outras mudanças) pelos participantes.
6. Agradeço a Rizwan Khan da Vanguard Group pela contribuição com esta referência.

ÍNDICE

A

ABC Clinical *Software*   145–149, 153
ação, preconceito em relação a   83
acomodação   28–29, 40
Aeron, cadeira   57–58
agregação   36–37
alinhamento. *Ver também* estratégia
   de metas   100
   de processos   8
   estrutura organizacional e   42
   foco do gerente em   91
alocação de recursos
   na ConAgra   13
   processos globais   69
Andersen, Nils   35
ansiedade
   evitação de por gerentes   93–94
   fazendo exigências e   105
A.P. Moller-Maersk   35
apoio   47
Apple   52–53
apresentações   110, 144
aquisições. *Ver* fusões e aquisições
Armour   13
Armstrong World Industries   85
assistência médica
   ABC Clinical *Software*   145–149
   esforços do *Seis Sigma* em   80–81
   estrutura organizacional e   28–29
Attal, Laurent   131
automação   35
autonomia, consistência do processo *versus*   68–70
avaliação de talentos   125–126, 130

B

Bailin, Randy   76
Banco Mundial   47, 112, 113–116, 136, 149–150
Bartlett, Christopher   69
Begin, Paul   69
Begor, Mark   124–125, 141
Benson, Jay   6
blogs   154
Bogle, John   4
Boston Consulting Group (BCG)   54–56, 57
Breslawsky, Marc   31
Buckley, Tim   4–5
Butterball Turkey   13

C

Calhoun, David   131
Calhoun, Ford   39–42
Caminho para a excelência   128–129
CAP *(change acceleration program)*, na GE   124–125
Centocor   67
Centro de Desenvolvimento de Liderança de Crotonville   123
centros de excelência   34–35
Centros de Negócios Executivos, na Cisco   60–61
centros de serviço   34–35
charadas, ao fazer exigências   101–102
Chase Manhattan Bank   32–33
ciclo DMAIC (definir, mensurar, analisar, incrementar e controlar)   81

Cisco Systems 32–33, 51, 60–62, 153
CitiStreet 77
Cleese, John 111
clientes
   complexidade de 25
   complexidade do apoio 49–51
   complexidade do sistema e 50–51
   design de produtos para 52–53
   expectativas de 10
   feedback de 152–153
   na Vanguard 4–5
   opção por, desnecessário 57–58
   parceria de, no *design* 60–63
   parcerias da GE com 123–124
   perspectiva de 4–5, 31–33
   proliferação de SKU e 57
   retendo 45–46
   Zurich Financial Services 43–46
Clinton, Bill 46
coaching 114–116
Cohen, Jordan 36–37
colaboração 14. *Ver também* equipes e trabalho em equipe
Collis, David 109
comoditização 1–2
complexidade
   aceitação de 16
   apoio 47
   armadilhas ao eliminar 30–39
   armadilhas de 26–30
   aumento gradativo de 2–3
   de estrutura organizacional 26–39
   de processos 65–88
   produtos e serviços 46–55
   revelando 1–21
   segurando um espelho para 151
   sistema 47
   tipos de 6–9
   tipos de avaliação de 17–22
   volume 47
complexidade de volume 47–49
complexidade do apoio 47, 49–50
complexidade do processo em 71–72
complexidade do sistema 47, 51–52
comprometimento, para aprimoramento do processo 84–86

comunicação
   e-mail 1, 112
   foco no gerente em 90
   mantendo o ritmo através de 136–137, 138–140
   mitose estrutural e ruptura de 7
   na Cisco 60–61
   por gerentes 96, 108–113
   simplificando 37–39
ConAgra Foods 11–16
   centros de excelência em 34–35
   ditame dos negócios em 131
   mantendo o ritmo em 136–138
   mapeamento de processos em 78–79, 135
   reestruturação em 132–133
   reproduzindo a simplificação em 141–142
condições econômicas
   GE e 121
   Vanguard e, 3–5
conectividade 1
conflito, evitação de 1
Connecticut Department of Transportation 85
conquista 129, 133–135
conselhos consultivos, consumidores sobre 61–62
consequências, estabelecendo 102
consolidação 33–37
consolidação de atividades administrativas 35–37
Consolidated Edison 82–84
consultores, internos 80–82
contexto, essencial *versus* 30–31, 50–51
contratação 126–127
controle de qualidade, para processos 79–82
coordenação de programação de viagem 115
cow paths 72–73, 78
criação de coalizão 153–154
criação de modelos 125–126, 153–154
criação de plano de trabalho 107–108
Critelli, Michael 31
cultura do constante aprimoramento 124–126, 128–129

cultura organizacional
   aprimoramento contínuo   85, 128
   complexidade de processos e   71–72
   de simplificação   119–127
   na ConAgra   14
   na GE   119–127
   na Vanguard   4–5
   para simplificação de processos   84–86
custos
   de processos complexos   70–71
   de processos de simplificação   127
   de proliferação de SKU   59
   identificando oportunidades com base em   151–152
   simplificação de processos e   86–87
custos de produção   6

D

Davis, Terry   145–149, 153
declaração de estratégia   129–130, 131–132
definição de metas   95–97, 99–108, 144
   arbitrária   105
   distensor   100–101
   excesso de metas em   102
   exigências erradas e   103–104
   funções/responsabilidades claras e   107–108
   metas vagas/distantes e   102
   planejamento de trabalho e   107–108
deflexão, ao fazer exigências   102
delegação   97–98
Deming, W. Edwards   80
democracia industrial   24–25
DeMonaco, Larry   73
derramamentos de substâncias químicas   82–84
Desafio, definição de metas e   100–101
desempenho
   comparando, processos globais e   69
   estrutura organizacional e   27–28
   na GE   123
desierarquização   37–39, 41. *Ver também* estrutura organizacional
design
   complexidade de   47, 52–54
   evolução do processo *versus*   72–75

mapeamento de processo e   78–80
   parceria de clientes em   60–63
diálogo   114–116
diferenças locais, em processos   67–71
   práticas recomendadas e   77–78
distribuidores   45
ditame dos negócios, simplificação como   130–132, 151–152

E

Eckdahl, David   56
Eckrich   13
Email   1, 112, 144
embalagem   47
empowerment   72
   em *Work-Out*   84
   microgerenciamento e   105
empresas copiadoras   26–27, 31
empresas de dados geográficos   6–7
empresas de gerenciamento de investimentos   3–5
empresas farmacêuticas   57–59, 65–68
equipes e trabalho em equipe
   direção clara de   2
   foco do gerente em   91
   fomentar   37
   fragmentação do tempo   3
   na GE   3
   na identificação de práticas recomendadas   77
Escritório do Futuro   36–37
essencial *versus* contexto   30–31
estratégia   119–142
   alcançar   129, 133–135
   análise de portfólio de produtos baseada em   54–58
   apresentando   119–120
   baseada na simplicidade   11–16
   comunicando   136–137
   declarar   129–131
   estrutura organizacional e   26–28, 30–31
   estrutura *versus*   31–32
   manter   129
   na GE   119–127
   na GlaxoSmithKline   39–40
   reestruturar   129, 132–133

repetir   130, 140–141
simplificação pessoal   155–156
estratégia de crescimento   12
estresse   7
estrutura organizacional   1, 23–42
   armadilhas da complexidade em   26–30
   armadilhas da complexidade em, livrando-se de   30–39
   avaliação como fonte de complexidade   16, 16–17
   consolidação em   33–37
   desierarquização   37–39
   designing for simplicidade   42
   essência *versus* contexto em   31–32
   estrutura antes da estratégia em   26–28
   funcional, na GE   2–3
   gráfico de bolhas   30–31
   hierárquica, desenvolvimento de   2, 23–24
   matriz   32–33
   mitose estrutural em   7
   modelos orgânicos *versus* mecânicos   29–30
   na ConAgra   12–17
   na GE   121–122
   na GlaxoSmithKline   39–42
   no Banco Mundial   113–116
   perspectiva do cliente em   31–33
   pessoas e personalidades em   27–29
   reestruturando   129, 132
estruturas matriciais
   modelo organizacional   32–33
   para consolidação   33–37
eventos kaizen   80
evitação   93
evolução de, complexidade de   8
   redesigning   35
exercício de um minuto   110
exigências regulamentadoras, complexidade de   1
expectativas
   afastando-se de   101
   cliente   10
   gerente   95–96
   incentivos e   123–124
   na GE   122–124
experimentação   114–116, 116
expertise
   complexidade do *design* e   53

externo   134–135
   na Cisco   32–33
   na identificação de práticas recomendadas   77
   tarefas não essenciais e   36–37
experts em domínio   33
extensão do controle e   37–39, 40–41

F

fabricação *Lean*   79–82
   Work-Out com   86
Falkengren, Annika   127–129, 130, 136
fazendo exigências   99–109
   inadequada   103–105
   sete pecados mortais de   101–103
feedback
   de clientes   152–153
   design de produtos e   53
   foco em pontos fortes/pontos fracos em   94
   na parceria de clientes no *design*   61–62
   para gerentes   94
   sobre pontos cegos do gerente   92
   solicitando   109
ferramentas de gerenciamento   10–11
Fidelity Investments   50–51, 62
Finn, Patrick   33, 61
flexibilidade   42
Ford   48–49
Ford, Henry   23, 25
fragmentação   2
fronteiras, quebra de   1
funcionários
   dotando de *empowerment*   72
   em estruturas hierárquicas   24–25
   envolvendo   128
   estresse/rotatividade entre   10
   estrutura de acomodação para   28–29, 40–41
   habilidades desafiadoras de   100–101
   mitose estrutural e ansiedade em   7
   na ConAgra   12
funções, esclarecendo   107–108
fusões e aquisições
   complexidade do processo de   73–74
   integrando   107–108
   na GE   73–74

na GlaxoSmithKline 40–41
na SEB 127–129
práticas recomendadas e 77–78

G
GE
  análise de portfólio em 56–57
  aprimoramento contínuo em 124–126
  Capital 30–31, 73–74, 121–122
  complexidade do processo em 73–74
  cultura da simplicidade em 119–127
  desierarquização em 37–38
  ditame dos negócios em 130–131
  Healthcare 50
  incentivos em 139
  Lighting 2–3, 75–76, 122
  Mantendo o ritmo em 137, 141
  Money 57, 124–125
  negócio de cartão de crédito de varejo 56–57
  Pathfinder Model 74
  práticas recomendadas 77
  reestruturação em 132, 134
  Sessão C 125–126, 130
  transparência do processo em 75
  Work-Out em 14–15, 84, 138
General Mills 72
gerenciamento
  desierarquização 37–39
  laissez-faire 106–107
  microgerenciamento 105–106
  na GE 123–124
  na Vanguard 4
  voltado para a simplicidade 156–157
gerenciamento científico 23
gerenciamento de investimentos 3–5
gerenciamento de marcas 12–13
gerenciamento de portfólio
  complexidade de volume e 48–50
  na ConAgra 12–13
  na GE 126–127
  produto/serviço 54–58
gerenciamento de portifólio
  na GE 126–127
gerenciamento de reuniões 110–112, 144
gerentes
  apresentações por 110

autoavaliação por 14, 16–21, 95–97, 116
avaliação como fonte de complexidade 8–9, 18–19
  como fonte de complexidade 3, 8–9, 10
  como fonte de simplicidade 142, 143–157
  complexidade de 89–117
  comportamentos que causam complexidade de 89–117
  conscientização sobre comportamentos inconscientes para 112–117
  contratação por 126–127
  definição de metas e exigências por 95–97, 99–101
  delegação por 97–98
  detalhe de estratégia, planejamento, orçamento por 95–99
  em estruturas hierárquicas 24
  em *Seis Sigma* e *Lean* 81
  estilos gerenciais de 89–94
  evitação de desconforto por 93
  gerenciamento de reuniões por 110–112
  habilidades de comunicação de 108–113, 136–137
  habilidades de, e estrutura organizacional 42
  laissez-faire 106–107
  microgerenciamento por 105–106
  na complexidade do processo 71–72
  na identificação de práticas 77
  no Banco Mundial 113–116
  planejamento de trabalho por 107–108
  pontos cegos de 92–94
  proliferação de SKU por 59
  relacionamento 32–33
  sistemas de apoio para 113
  supervalorização dos pontos fortes de 92–93
gerentes de relação 32–33
Ghoshal, Sumantra 69
GlaxoSmithKline 39–42, 111
Glaxo Wellcome 40
globalização
  complexidade de 1
  de processos 65–68, 69–71
  GE e 2
Gore, Al 46
governo 47
GPS (sistemas de posicionamento global) 6–7

gráfico de bolhas   30–31
gráficos RACI   107–108
Greco, Mario   46
guia da simplicidade   10

H
Henderson, Bruce   54
Herman Miller   59–60

I
IDEO   53
Imagistics   31
Immelt, Jeffrey   120–122, 123
incentivos
   complexidade do *design* e   53
   mantendo o ritmo através de   138–140
   na GE   123–124
informalidade, processo   68, 72–75
ING   76
iniciativa adequada ao propósito   111
inovação
   análise do produto e   56–57
   complexidade do *design* e   52–53
   estímulo   152–153
   variação do processo e   69–70
integração, produto/serviço   51–52, 53
   na Cisco   60–62
Intel   153
Intelpedia   153
Intuitive Surgical   153
Intuit Simple Start   52
iPod   52–53

J
jargão   4
Jensen, Bill   10
Jick, Todd   69
Johnson & Johnson   65–68
JP Morgan Bank   70
Juran, Joseph M.   80

K
Kaiser, Rob   92, 105
Kaplan, Robert   92, 94, 105
Kerr, Steve   139
Kindler, Jeff   38–39
Kirsch, Thomas   65
Koch-Weser, Caio   114

L
lacuna saber-fazer   100
lances, na GE   121
Lean Seis Sigma   80
liderança. *Ver também* gerentes
   comportamentos que causam complexidade em   94–112
   controle *versus*   37
   no Banco Mundial   113–116
   persuasiva *versus* capacitadora   105–106
líderes da transformação   14
Lighting   2–3
Lindex   41
L'Oréal EUA   131, 133
Loscher, Peter   131

M
Mackay, Martin   39
Maeda, John   53
mantendo a simplicificação   129, 135–140
Manutenção de aplicativos   41–42
mapeamento digital   6–7
mapeamento, processo   78–80
   na GE   123
   Work-Out e   85
marcas com alienação de investimento em potencial, na ConAgra   13
marcas de crescimento, em ConAgra   13
marcas para obtenção de caixa, na ConAgra   13
McLeod, Mary   38
Meetings, Bloody Meetings   111
mentalidade externa   60–63
mentores   114–116
   na GE   125–126

Merk, Christian   44–46
métrica   146
   alcançando a mudança com   134–135
   planejamento de trabalho e   107–108
   processos globais e   69
   treinamento e   137–138
microgerenciamento   105–106
Ministro da Saúde da Eritreia   85
Mintzberg, Henry   97
MIT Media Lab   53
mitose. *Ver* mitose estrutural
mitose estrutural   7, 10, 25
   consolidação e   33–37
   na GlaxoSmithKline   39
modelo de compartilhamento de crescimento   54–55
modelo funcional   3
modelo orgânico   29–30, 42
Moore, Geoffrey   31
Morgan, Hardie   6
Motorola   80
mudança
   acelerando na GE   123
   desenvolvimento de estratégia para   9–12
   design organizacional dinâmico e   29–31
   mantendo   138–140
Mulally, Alan   48–49
Murphy, Kathy   76

N

Nações Unidas   47
Neal, Mike   121
negócios lucrativos   54–55
New York Federal Reserve Bank   72
New York Times   24–25
Nielsen   131
Nishimizu, Mieko   149–150
Nissen, David   57
North Shore-LIJ Sistema Único de Saúde   80–81

O

Office of the Future (OOF)   36
Opie, John   2

oportunidades   150–156
   identificando   134
orçamento   95–99
   na GE   119–121, 120
organizações glocais   69
organizações transnacionais   69
O´Sullivan, Patrick   35

P

Perez, Pete   142
personalidades, estrutura organizacional e   27–29
Peters, Susan   121, 125–126, 141
Pfeffer, Jeffrey   100
Pfizer   38–39
   Global Operations Division   69–70
Pharmaceutical Research Institute (PRI)   65–66
Philips Electronics   2, 62
Pitney Bowes   31
planejamento estratégico   9–12
   busca da perfeição em   97
   de cima para baixo *versus* de baixo para cima   98
   foco do gerente em   91
   leeway excessivo em   99
   na ConAgra   12–17
   natureza interativa de   97
   nível de detalhamento em   95–99
   tempo de ciclo em   99
plataformas de produção   6–7
poder
   mitose estrutural e quebra de   7
pools de recursos   36
Porter, Holbrook Fitz John   24–25
PowerPoint   110
práticas recomendadas   69, 77–78
   na GE   122–123
   Work-Out e   85
prevenção ao HIV-AIDS   85
priorização   114–115, 125
processo de inteligência de mercado rápido   77

processos   1, 65–83, 144
  abordagens Seis Sigma/Lean de   79–82
  alinhamento de   86–88
  atingindo a simplificação de   133–135
  avaliação como fonte de complexidade
    18–19
  consolidação de   35–36
  diferenças locais em   68–72
  evolução de, complexidade de   8, 10, 67–77
  ferramentas de simplificação de   76–88
  informalidade de   68, 72–75
  mapeamento e reformulação   78–80, 123
  mudanças de gerenciamento em   9
  multiplicação de ciclos em   68, 71–72
  na ABC Clinical   146–148
  na ConAgra   13–16
  na Johnson & Johnson   65–68
  práticas recomendadas de   75–77
  projetos com resultados rápidos em   82–85
  redesigning   35
  redução de variação em   79–82
  reestruturação e reconfiguração de   134
  simplificação de, na estrutura hierárquica
    24–25
  transparência interfuncional em   68, 74–76
  Work-Out de   84
processos estágio-pontos de decisão *(stage-gate)*   2
produtos *dog*   54–55
produtos e serviços   2, 43–47
  análise de portfólio   54–58
  aposentando   48–49
  atingindo a simplificação de   133–135
  avaliação como fonte de complexidade
    18–19
  ciclo de vida de   54–55
  complexidade de   46–55
  complexidade de, superando   53–62
  complexidade de volume em   47–49
  complexidade do apoio em   47, 49–51
  complexidade do projeto em   48, 52–54
  complexidade do sistema em   47
  consolidação de   33–37
  desenvolvimento de   2–3
  esforço contínuo na simplificação de   61–62
  iniciando a simplificação de   145
  integrando com outros fornecedores   51–52
  na Tele Atlas   6–7
  na Vanguard   5

parceria de clientes no *design* para   60–63
proliferação de   8, 10
proliferação de, reduzindo   43
reduçãp de SKU e   57–60
reformulando   47
serviços compartilhados   33–35
tomada de decisão sobre   47–49
produtos *star*   54–55
programa de imersão em um vilarejo   150
programa *Make Life EaZy*   44–45
programa *RoadMap* na ConAgra   14–15
projetos com resultados rápidos   82–83, 86

R

recursos humanos
  consolidação de   35
  na ConAgra   14
  na manutenção de ritmo   138–140
redução da pobreza   149–150
redução de defeitos   79–82
redução de riscos   71–73
redundância
  consolidação e   33–37
  na GE   121–122
  na GlaxoSmithKline   39
Reed, John   28
reengenharia   10
  mapeamento do processo em   78–80
reestruturação   129, 132–133, 134–135
reflexão   114–117
relatórios
  consolidação de   34
  extensão do controle e   37–39
  na ConAgra   13–15
responsabilidade   1, 40
  complexidade do processo e   71
  definição de metas e   138–140
  fazendo exigências e   102
  fazendo exigências erradas e   103–104, 104
  foco do gerente em   90
  na ConAgra   14
  na Vanguard   5
  para simplificação   145–149
  planejamento do trabalho e   107–108
  reestruturação e   132
  reuniões e   110–111

responsabilidade, esclarecendo 107–108
reuniões urbanas 84–85. *Ver também Work-Out*
revisões
   foco do gerente em 90
   microgerenciamento e 105–106
   na GE 3
   no Banco Mundial 115
   planejamento do trabalho e 105–106
   produto 72
ritmo, mantendo 135–140
Rodkin, Gary 11–16, 72
   definição de metas por 131
   repetindo a simplificação com 141–142
   simplificação da estrutura por 132–133
   simplificação de processos por 135
   sobre comunicação 136–137
   sobre simplificação 156–157
rótulos, mudanças em 8
Rukstad, Michael 109

S

Salzman, Amber 111
Sandstrom, Sven 114
Schaffer, Robert 100, 144
SEB 127–129
   ditame dos negócios em 130–131
   mantendo ritmo em 136–138
   reestruturação em 132
   simplificação de processos em 134–135
Second Life 154
seguradoras 43–47
segurando um espelho 151
Seis Sigma 10, 79–82
   na GE 123–124
   Work-Out com 86–87
sem fim lucrativo 46
serviços compartilhados 33–35
serviços, proliferação de. *Ver* produtos e serviços
Servison, Roger 50–51
Sessão C 125–126, 130
setor de serviços financeiros 3–4
   consolidação em 35
   proliferação de produtos em 43
   SEB 127

setor público 46
Siemens 2, 29, 131
simplificação
   atingindo 129, 133–135
   como ditame dos negócios 130–132
   conduzindo à 15
   consolidação para 33–37
   construção de coalizão para 153–154
   contínua 126–127
   de estrutura 23–42
   demonstrando o impacto de 154–156
   desierarquização para 37–39
   enxergando oportunidades de 16, 16–17
   essencial *versus* contexto em 31–32
   gerentes como fonte de 142, 143–157
   mantendo 129, 135–140
   na GE 119–127, 126
   oportunidades de 150–156
   pensamento renovado sobre 151–153
   perspectiva do cliente em 31–33
   processo 76–88
   produto/serviço 53–62
   prontidão para 15–22
   repetindo processo de 130, 140–141
sindicatos 24
   controle *versus* 37–39
sistema 47
sistema de pontuação equilibrado 10
sistemas de rede social 153–154
sites virtuais 153
SKUs (unidades de armazenagem), racionalização de 57–60
SmithKline Beecham 40
sobrecarga cognitiva 10
sobrecarga de informações 1, 10, 112
software Simple Start 52
Sorenson, Soren Thorup 35
stakeholders
   em *Seis Sigma/Lean* 82
   funções de 107–108
   no mapeamento de processos 78–79
Stevens, Mary 59–60
Sutton, Robert 100

T

Taylor, Frederick   23
tecnologia, complexidade de   1
Tele Atlas   5–6
terceirização   35
   design de produtos   53
   identificação de práticas recomendadas   77
   na GlaxoSmithKline   42
Thomas Kirsch   65–68
Tischler, Linda   52–53
tomada de decisão
   análise de portfólio   54–55
   microgerenciamento e   105–106
   na GE   122
   no Banco Mundial   115
   no planejamento estratégico   97
   sobre produtos/serviços   48–50, 54
TomTom   6
Toole, Larry   73
trade-offs, ao fazer exigências   101–102
transparência
   em processos   68, 75–77, 78
   interfuncional   68, 74–76
   na GE   126
transparência interfuncional   68, 74–76
Travelers-Citibank   28
treinamento
   complexidade do apoio   49–51
   na GE   125–126
   para manter o ritmo   137–138
   para *Seis Sigma/Lean*   82
   para simplicidade   125–126, 147–149
treinamento interativo   138
triângulo de exigências   104, 105
Trotter, Lloyd   124–126, 136
Twain, Mark   110

U

unidades de armazenagem. *Ver* SKUs (unidades de armazenagem), racionalização de
unidades empresariais, na ConAgra   12–14

V

valor
   gerenciamento ao agregar   37–38
   integração de produtos e   51–52
   na metodologia *Lean*   80
Van de Geijn, Paul   43
Vanguard   3
vantagem competitiva   6
variação
   diferenças locais e   67–71, 77–78
   reduzindo com *Seis Sigma/Lean*   79–82
volume   47

W

Walmart   74–75, 77
Waterside Power Station   82–84
Weil, Sandy   28
Welch, Jack   56, 84, 121–123, 130, 133–134
   incentivos com   138–139
Wendt, Gary   30
wikis   153
Wolfensohn, James D.   113–116
Work-Out
   na GE   14, 122–123
   na Walmart   74–75
   para simplificação de processos   84–86

Y

YouTube   153

Z

Zhang, Shengman   114
Zurich Financial Services   35, 43–47

SOBRE O AUTOR

Ron Ashkenas é sócio-gerente da Robert H. Schaffer & Associates (RHS&A), em Stamford, Connecticut. Ele é um consultor e palestrante de renome internacional, *expert* em transformação organizacional, liderança e integração pós-fusão.

Desde sua associação à RHS&A, no final da década de 1970, Ron tem ajudado diversas organizações a melhorar sensivelmente seu desempenho, além de fortalecer sua capacidade de liderança. Ele é um consultor e *coach* essencial para CEOs e executivos seniores que almejem acelerar o ritmo de mudança. Ele também trabalha junto a grupos de *staff* e consultores internos para fortalecer o impacto do resultado contábil de suas contribuições profissionais. Os clientes de Ron admiram sua abordagem pragmática e seus *insights* em relação aos desafios enfrentados por eles, bem como sua competência para ajudá-los a superar obstáculos políticos e psicológicos que costumam representar uma ameaça ao sucesso.

Ron fazia parte da equipe original que colaborou com o então CEO Jack Welch para desenvolver a abordagem *Work-Out* da GE, que constituiu uma das transformações corporativas de maior alcance e mais bem-sucedidas da história. Desde então, Ron tem se empenhado na RHS&A para adaptar e aprimorar a metodologia *Work-Out* e aplicá-la a outras organizações.

Entre os clientes de Ron estão várias empresas *Fortune* 500, bem como instituições financeiras, órgãos públicos e organizações sem fins lucrativos, incluindo a JP MorganChase, a Cisco Systems, o Federal Reserve Bank de Nova York, o Banco Mundial, a GlaxoSmithKline, a Johnson & Johnson, a ArvinMeritor Automotive, a Zurich Financial Services, a ConAgra Foods e a Stanford University Hospitals and Clinics.

Ron publicou muitos artigos e capítulos de livros. Cinco de seus artigos constam no *Harvard Business Review*, incluindo *Making the Deal Real: How GE Capital Integrates Acquisitions* e *Why Good Projects Fail Anyway*. Outros foram destaque no *National Productivity Review*, no *Human Resource Management Journal* e no *Leader to Leader*. Ron é coautor de três livros anteriores: *The Boundaryless Organization* (Jossey-Bass, 1995, e 2ª edição em 2002), com Dave Ulrich, Todd Jick e Steve Kerr; *O Work-Out da GE* (Editora Qualitymark, 1ª Edição, 2003), com Ulrich e Kerr; e *Rapid Results!* (Jossey-Bass, 2005), com Robert Schaffer e outros membros da RHS&A.

Ron ministra palestras e seminários no mundo inteiro sobre transformação organizacional e integração pós-fusão. Ele já fez parte do corpo docente de programas de educação para executivos nas mais renomadas universidades dos EUA: a Stanford Business School, a Kellogg School of Management (da Northwestern University) e a Weatherhead School of Management (da Case Western Reserve University).

Ron se formou em bacharel pela Wesleyan University, concluiu mestrado na Harvard University e obteve PhD em comportamento organizacional pela Case Western Reserve University. Ele reside em Stamford, Connecticut, com sua esposa Barbara. Eles têm três filhos, hoje já crescidos, e um neto. Seu *e-mail* de contato é ron@rhsa.com.

www.dvseditora.com.br